KB175310

스포츠에서 배우는 **통찰과 지혜**

인사이트 스포츠

스포츠에서 배우는 통찰과 지혜

인사이트 스포츠

박혁수 지음

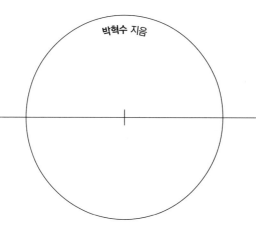

PlanB DESIGN 플랜비디자인

차례

CHAPTER \\ ONE
성공하는 삶

CHAPTER \\ SIX
행복한 삶

어느 겨울 날 저는 아들과 함께 동해 바다가 한 눈에 보이는 백사장을 거닐었습니다. 추위가 무색하게 내리쬐는 겨울 햇살이 바다를 만나 미소짓듯 반짝거렸고, 아들과 함께 한 겨울여행의 기쁨은 파도처럼 넘실거렸습니다. 저 멀리에서는 만선의 꿈을 좇는 배 한 척이 지평선 너머로 가물가물 사라지고 있었습니다. 문득 아들에게 한 가지 약속을 하고 싶어졌습니다.

"아들! 아빠가 한 가지 약속할게 있어."

누군가 날리는 꼬리 연을 신나게 바라보던 아들이 아빠를 향해 고개를 돌렸습니다. 아들의 눈에는 바다가 담겨 있었고 어서 말해 보라는 듯 파도가 치고 있었습니다.

"아빠가 올 해 안에 우리 아들을 위해 꼭 책을 쓸게…."

아빠의 약속은 평소 아들과 함께 재미나게 얘기해 온 스포츠를 주제로 책을 쓰겠다는 것이었습니다. 하지만 지금 돌아보면 그때의 다짐은 곧바로 그 바닷가 그 파도에 쓸려간 것 같습니다. 당시 초등학교 6학년이던 아들은 어느새 고등학교 3학년이 되었습니다. 약속은 그 바닷가 겨울새가 처량하게 내던 울음소리처럼 아빠의 가슴속에 안타까운 얼굴로 남았습니다.

그래도 이 책을 펴낼 수 있게 된 지금까지의 모든 시간과 상황에 먼저 감사드립니다. 그저 좋아하는 일을 할 수 있어 행복했고, "언젠가는 내가 정말 잘 할 수 있는 분야의 강의를 하겠다"라는 의지의 끈을 놓지 않았습니다. 그래서 십 수 년간 스포츠에 관한 꾸준한 자료와 정보를 수집하여 강의 현장에서 활용해 왔고 그런 경험을 바탕으로 한 땀 한 땀 엮어내고 다듬으면서 이 책이 좀 더 정교해지고 풍성해 졌다고 믿기 때문입니다.

가장 좋아하고, 가장 잘 할 수 있는 것을 전문화한다!

강의를 시작하면서부터 위와 같은 모토를 간직해 왔고 이제 그 첫 번째 결실을 이 책으로 맺고자 합니다.

실제 스포츠는 우리 삶의 희로애락을 담고 있는 인생의 축소판이자 개인과 조직의 흥망성쇠에 관한 정보가 무궁무진하게 담겨있는 지혜의 보고입니다. 하여 '스포츠인사이터'가 이 책을 통해 궁극적으로 나누고자 한 것은 스포츠에 관한 일반적인 지식이나 야사가 아닙니다. 스포츠라는 다이나믹한 통로를 통해 얻을 수 있는 우리 삶의 통찰과 지혜 입니다. 이 책의 부제가 '스통지 스포츠에서 배우는 통찰과 지혜 '인 이유입니다.

이 책과 함께 하는 동안 누군가 고단한 심신에 잠시 활력을 얻을 수 있다면 더 이상 바랄 게 없습니다.

사랑하는 아들에게 이 책을 통해 아빠의 마음을 전합니다.

2020년 스포츠인사이터 박혁수

이 책을 읽고 나는 체육인으로서 벅찬 자부심과 함께 깊은 안도감을 느꼈다. 선수로서 그리고 감독으로서 스포츠 현장을 지켜온 지난 30여년 세월 동안 스스로에게 던졌던 모든 질문에 대한 해답이 마치 하나의 지도를 받아 든 것처럼 담겨 있었다.

지금 걸어가는 길이 나의 삶에서 어떤 의미를 갖도록 해야 하는지, 어떠한 비전과 가치관을 갖춘 선수가 되어야 하는지 등 젊은 날 내 가슴을 온통 지배하고 고민하게 만들었던 무수한 질문들과 그에 대한 안내가 생생히 담겨 있다.

또한 지도자로서 선수들이 뜨거운 열정과 최고의 기량을 갖추도록 하기 위해 지금 내가 무엇을 해야 하는지, 리더십은 어떻게 발휘되어야 하는지에 대한 방향성도 풍부해 나는 정말 기분좋게 이 책을 추천한다.

이 책을 책꽂이 잘 보이는 곳에 꽂아 두고 수시로 읽으며 멋진 자극을 받고자 한다.

극한의 시련과 좌절을 극복한 감동스토리는 기본이고 귀감이 되는 롤모델과 타산지석의 거울이 되는 이야기에 푹 빠지게 될 것이다. 내가 만난 책 중 스포츠를 가장 삶과 밀착하여 풀어냈고 읽는 내내 가슴이 뛰는 설렘과 지혜가 조화롭게 펼쳐져 있다.

우리나라 모든 체육인은 물론 보다 밝은 미래를 꿈꾸는 이 땅의 모든 이들에게 도움이 될 것이다.

2020년 8월
고려대 농구부 감독 주희정

KBL(한국프로농구) 최다출장 / 최다어시스트 /
최다스틸 / 국내선수 최다트리블더블(8회) 기록 보유

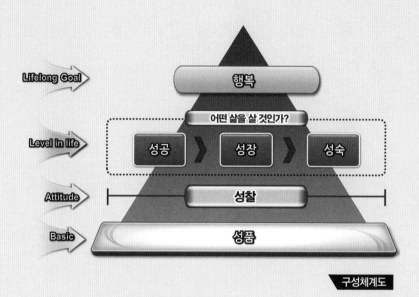

구성체계도

인사이트 스포츠는 스포츠를 통해 우리 삶을 얘기하고자 한 책입니다.

그래서 흥미로운 스포츠 스토리 너머 그 안에 내재된 의미를 발굴하려

애썼습니다. 이를 위해 하나의 스토리가 삶의 지혜와 어떻게 정합 하

고 연결 되는지 그리고 좋은 틀과 튼튼한 금형에서 좋은 물건이 나오

듯이 책을 구성하는 틀은 흔들림 없이 견고해야 된다고 믿기에 삶의

6가지 키워드를 정하였고 각각의 위치와 관계를 설정하였습니다.

〈 6가지 키워드 〉

성품, 성찰, 성공, 성장, 성숙, 행복(구성체계도 참조)

인류가 빚어 온 지금까지의 역사는 궁극적으로 행복을 위한 것입니다. 우리는 인간으로 태어난 이상 행복한 삶을 원합니다. 그래서 행복은 인류의 끊임없는 화두였고 그만큼 서로 다른 행복의 기준과 지향점에 대한 담론이 다양하게 펼쳐졌습니다. 그러나 행복은 도달해야할 목표가 아니라 우리가 살면서 자연스럽게 느끼도록 설계되어 있습니다. 이는 어떤 삶을 사느냐에 따라 행복을 느끼는 양적 질적 충만함이 다르다는 의미입니다. 이에 행복을 위해 성공하는 삶, 성장하는 삶, 성숙한 삶을 우리가 가야할 길로 제시했습니다. 그런데 그림을 잘 보시면 중간에 ▶표시가 있습니다. 이는 성공하는 삶보다는 성장하는 삶을 성장하는 삶 보다는 성숙한 삶을 지향할 때 보다 행복한 삶을 살수 있다는 믿음에서 비롯되었습니다.

이 책에서 성공이 자신의 목표를 이루는 사회적 통념에 의거한 성취의 개념이라면 성장은 내면의 소리에 귀 기울이고 진정 자신이 원하는 것을 향해 나아가는 충만한 전진을 의미합니다. 성장을 성공보다 상위 개념에 둔 것은 성공은 일회성인데 반해 성장은 성공한 상태의 꾸준한 유지를 바탕으로 현실에 결코 안주하지 않고 점진적인 발전을 도모하는 연속성이 있다고 보았기 때문입니다. 이처럼 성공보다 성장을 추구하는 삶이 보다 바람직하지만 성공과 성장은 모두 개인에게 초점이 맞춰 있습니다. 이와는 달리 '성숙한 삶'은 타인과의 동행과 조화에 초점을 둔 보다 확장된 의식을 실천하는 삶입니다. 인간은 서로 연결되어 있는 존재들이기 때문에 자신만 잘 되는 것이 아니라 누군가의 삶에 도움이 되기를 선택할 때 행복의 파이는 더욱 더 커진다고 믿습니다. 한 마디로 성숙한 삶은 '다른 이들과 함께 성공하고 함께 성장하는 삶'입니다. 이를 위해 성숙한 삶으로 안내하는 통로로써 스스로 거울 앞에 서 보는 '성찰'의 태도를 강조하였습니다. 진정한 변화는 항상 내적 변화가 먼저 수반되어야 한다고 했습니다. 누구라도 스스로를 돌아보는 하프타임을 가지고 내면의 소리에 귀를 기울일 때 보다 의미 있고 파워풀한 동기를 견인하게 됩니다.

스포츠인사이터가 살면서 자주 부끄러운 것은 부족해도 아주 많이 부족한 저의 '성품'입니다. 모든 문제의 연원이 어디에서 비롯되는지 좇다 보면 결국 성품으로 귀결됩니다. 하지만 성품은 고정 불변의 것이 아니라 교정이 가능하고 개발의 여지도 충분하다는 것을 알게 되었습니다. 성품의 뿌리를 튼튼히 하고 끊임없이 보다 좋은 성품을 갖기 위해 자신을 가꿔갈 때 행복으로 가는 여정에 필연적으로 부딪히게 될 세상의 유혹과 예고되지 않은 역경을 이겨낼 수 있습니다. 또한 '어떤 삶을 살 것인가?'보다 더욱 근본적인 질문은 '나는 어떤 사람인가?'입니다. 성품은 그가 어떤 사람인지 대변하는 가늠자와도 같기에 체계도의 가장 밑바탕에 성품을 두었습니다.

이렇게 이 책은 5성1행 성공, 성장, 성숙, 성찰, 성품, 행복 의 6가지 주제로 구성

되었습니다. 그리고 각 주제에는 알파벳 A부터 Z까지 26개의 머리글자를 시작으로 하는 지혜를 골고루 나누어 담았습니다. 저 자신이 글을 써가면서 하나의 퍼즐을 완성해 가는 느낌을 갖고 싶었고, 이 책을 접하는 모든 분들에게도 조각조각 맞춰진 퍼즐을 보는 기쁨을 전달해 주고 싶었기 때문입니다. 다만, 이 모든 것은 저만의 시나리오에 불과합니다. 독자들의 견해와는 어쩌면 한참 동떨어진 생각일 수 있습니다. 그러므로 독자들께서는 제가 제시한 분류와 체계에 상관없이 그저 마음 가는 페이지부터 읽으셔도 전혀 문제가 없습니다.

2020년 코로나19로 전 세계가 혼란과 충격에 빠졌습니다. 인류는 일상을 비롯한 거의 모든 것을 멈춰야 했습니다. 스포츠 분야도 예외는 아니어서 올림픽은 사상 초유의 1년 연장이 결정되었고 모든 경기를 할 수 없게 되자 스포츠 특유의 재미와 역동이 사라지면서 일상은 더욱 더 활기를 잃었습니다. 새로운 스포츠뉴스가 없는 세상이 얼마나 허전한지 또한 함께 모여서 운동할 수 없는 상황이 얼마나 답답한지 결국 스포츠가 우리 삶에 얼마나 밀착되어 있었고 얼마나 큰 영향을 미치고 있는지 새삼 알게 되었습니다. 최소한 스포츠를 조금이라도 좋아하는 분들에게 이 책은 재미있고 의미도 있는 책이 될 것입니다.

감사합니다.

2020년 스포츠사이더

CHAPTER
ONE

성공하는 삶

성공은
도전과 실행을 통해
내가 할 수 있는 것을 해내는 것입니다.

- 스포츠인사이터

틈새
NICHE

1982년 일본 최고의 명문구단 요미우리 자이언츠에 입단한 한 투수가 있었다. 176cm의 그리 크지 않은 신체 조건에다 그만그만한 스피드로 공을 뿌리는 이 평범한 투수가 설 곳은 보이지 않았다. 나름대로 많은 연습을 하고 코치를 받았지만 투수로서의 경쟁력은 향상되지 않았고 더 이상 선수생명을 이어 가기 어려웠다. 이에 그는 고심 끝에 내야수로 전향했고 피나는 연습 끝에 빈틈없는 수비를 인정받아 1군으로 올라왔다. 그러나 이번에는 방망이가 문제였다. 투수였던 선수가 적정 수준의 타격 능력을 갖추는 것은 쉽지 않았다. 2할 대 초반의 타격을 조금이라도 끌어올리기 위해 피나는 연습을 계속 했지만 물방망이 타격은 전혀 좋아지지 않았다. 스위치히터로도 변신해 보았으나 효과는 없었다. 다행히 외야 수비까지 소화하면서 만능형 수비요원으로 자리 잡아 2군 행을 통보 받지는 않았다. 그렇다고 자기 자리가 확실하게 있는 것도 아니었다. 그는 도루에 눈을 돌렸다. 수비에 도루를 잘 하는 선수로 어필하고 싶었다. 하지만 작전은 완전히 빗나갔고 결국 실패했다. 주전으로 기용될 틈은 보이지 않았고 암울한 그림자가 선수 생명의 심장을 뒤덮었다.

그러던 어느 날 희생번트를 대는데 코치가 '나이스'하고 외쳤다. 순간 그의 머리에서 섬광처럼 스쳐간 영감이 새로운 결단으로 이끌었다. "그래, 바로 이거야"…. 그는 희생번트로 새롭게 태어나기로 다짐했다. 훈련이 끝나고 아무도 없는 그라운드에 홀로 남아 희생번트 연습에 끊임없이 매진했다. 마침내 그의 노력은 꽃을 피웠고 533개의 희생번트를 기록하면서 이 분야 세계신기록 보유자로 우뚝 섰다.

일본이 메이저리그 기록을 능가하는 유일한 분야가 바로 희생번트 세계 신기록입니다 참고로 메이저리그 희생번트 신기록은 512개 입니다 . 그 주인공이 바로 '카와이 마사히로'…. 자기가 원하는 방향에 원하는 속도로 번트를 댈 수 있는 기술을 익히면서 카와이는 괄목상대할 선수로 성장하게 됩니다. 안정적인 수비력과 무려 성공률 9할의 절대 신공 희생번트 실력을 바탕으로 짭짤한 2번 타자로서 위상을 갖추게 된 것입니다. 10년 동안 한 시즌 평균 희생번트 40개 이상, 특히 1995년도에는 47개의 희생번트를 성공하면서 실패는 단 한 번도 없었습니다. 가히 도사의 경지가 아닐 수 없습니다. 그 덕에 카와이는 기라성 같은 선수들을 물리치고 90년대 유격수 골든글러브를 5회나 수상하게 됩니다. 그의 인기가 최정상에 이른 것은 당연한 귀결이었습니다.

희생번트를 영어로 'sacrifice bunt'라고 합니다. 문자 그대로 희생번트입니다. 내가 희생해서 선행 주자를 한 베이스 더 전진하게 하는 팀플레이의 정수를 보여주면서 앞 선 주자와 다음 타자에게 각각 득점과 타점의 기회를 연결해주는 다리가 되어줍니다. 희생번트는 자신의 이익에만 집착하는 경향이 만연한 현대사회에서 성과를 위한 연결과 팀을 위해 헌신하는 미덕이 얼마나 소중한지를 보여줍니다. 대개 많은 사람들이 희생번트를 소극적 플레이로 생각하지만 희생번트는 결코 소극적인 공격이 아닙니다. 홈런이 한 방으로 해결하는 가장 파워풀한 공격이라면 희생번트는 연결의 파워가 응축된 가장 전형적인 팀플레이로써 반드시 주자를 한 베이스 더 보내겠다는 의지를 대놓고 드러내면서 도발하는 가장 적극적이고 공격적인 플레이입니다. 때때로 번트 하나가 게임을 지배하는 경우를 흔치 않게 볼 수 있습니다. 그 희생번트로 눈을 돌린 카와이의 틈새 전략이 아무리 생각해도 여간 절묘하지 않을 수 없습니다. 카와이가 전성기가 지났어도 언제나 1군에 머무를 수 있었던 것은 그가 가진 번트 신공 덕분이었습니다.

산에 가면 놀랍게도 흙이 없는 바위에서 피어난 꽃을 볼 수 있습니다. 돌에서 어떻게 생명이 자라나는지 그저 경이로울 따름인데 자세히 보면 꽃이 자란 자리에 있는 미세한 틈을 발견하게 됩니다. 틈이 있기에 생명이 움트고 싹이 돋아난 것입니다. 틈은 생명의 요람이자 가능성의 밭이나 다름없습니다. 온갖 생명이 가득한 지구의 구성 메커니즘을 보면 틈의 실체가 보다 분명해집니다. 지구는 흔히 3차원의 세상이며 크게 3가지로 구성되어 있다고 합니다. 먼저 시간 時間 과 공간 空間 이 있습니다. 그리고 이 시공간을 채우는 무수한 생물과 무생물이 있는데 그 종류가 너무나 많아 특정할 수 없으니 이들을 대표해서 만물의 영장인 인간 人間 이 있다고 가정해 보겠습니다. 이렇게 가정해 볼 때 시간 時間 , 공간 空間 , 인간 人間 …. 지구상에서 이 세 가지를 벗어나는 것은 그 어떤 것도 없습니다. 그런데 이 세 가지에 공통적으로 들어있는 것이 있습니다. 바로 '간 間 ', 틈입니다. 틈새는 우리의 세상을 구성하는 영구불멸의 요소이자 인류와 함께 하는 동반자나 다름없습니다. 우리가 있는 모든 곳에 틈새가 존재합니다. 따라서, 어디에나 틈새가 있다는 확신은 절망의 끝자락에서도 언제나 희망을 찾을 수 있는 길잡이가 될 뿐만 아니라 남들이 주목하지 않은 새로운 가능성을 밝히는 지혜와 전략의 원천이 되기도 합니다.

최근 인류가 겪은 전대미문의 재앙이 바로 코로나19 바이러스 감염증입니다. 세상은 이제 BC Before Corona 와 AC After Corona 로 구분될 것이라 전망할 만큼 세계가 코로나 팬데믹 대유행병 으로 대혼란을 겪었습니다. 그런데 한국 뿐 아니라 대다수 선진국에서 겪은 혼란 중 가장 대표적인 것이 마스크 대란이었습니다. 역설적으로 모든 것을 삼켜버린 코로나 사태에 가장 빛나는 아이템은 그동안 틈새 품목이었던 마스크와 손 세정제였습니다. 이처럼 틈새 품목이 순식간에 필수이자 인기 품목으로 자리 잡는 경우가 적지 않으며 관련 시장은 금세 레드오션으로 치닫게 됩니다. AC After Corona 시대에 접어들어 발 빠르게 틈새를 놓치지 않는 항균 제품들은 경쟁적으로 등장하겠지만 또 그 와중에도 분명 틈새는 존재할 것이며 그 틈새를 향한 노력 또한 계속될 것입니다.

세상에는 대세도 있지만 틈새도 있다는 것을, 뜻을 펼치는데 틈새는 언제나 희망의 빛이 되어 기다리고 있다는 것을, 그리고 그 안에는 무한한 가능성의 대로가 활짝 열려 있다는 것을, 또한 찰나의 순간 발견하는 틈새는 가열찬 노력 중에 찾아오는 선물이지 어쩌다 만나는 행운이 아니라는 것을…. 틈새의 장인이자 번트의 전설로 우뚝 선 카와이의 사자후가 성성한 깃발처럼 펄럭이며 전하는 지혜입니다.

IQ ——— INSIGHT QUESTION

**지금까지 당신이 학창 시절 또는 조직생활 중
틈새를 공략해 거둔 가장 큰 성과는 무엇입니까?**

경쟁은 심한데 실력은 그만그만한 수준에 전혀 돋보이지 않습니다. 어느 분야건 이런 애매하거나 어중간한 수준인 경우가 대다수입니다. 시장에서 이름을 알리거나 스포츠 종목에서 주전을 꿰차는 것은 실제 상위 몇 프로 안에 들어야 맛볼 수 있는 영광입니다. 나머지는 제대로 빛을 보지 못하고 소리 소문 없이 언제 어떻게 사라진지 모르게 찾아볼 수 없게 됩니다. 왜 그럴까? 한 마디로 경쟁력이 없기 때문입니다. 그러나 경쟁력이 아예 없는 경우도 있지만 해 볼만 한 실력인데 워낙 경쟁이 치열하고 월등한 경쟁자들이 많아 비집고 들어갈 틈이 없는 경우도 상당히 많습니다. 그럼에도 불구하고 어디에나 새롭게 파고들 틈새가 있는 것은 우리처럼 대다수 평범한 사람들이 끝까지 절망하지 말아야 할 이유가 됩니다. 새로운 틈새는 언제나 희망의 비상구처럼 자리하게 마련입니다.

'토마스 그론마크'는 지극히 평범한 축구 선수였습니다. 발로하는 축구에서 그가 유일하게 돋보이는 것은 바로 손으로 공을 던지는 '스로인' throw-in 이었습니다. 그론마크는 무려 51.33미터를 던지는 최장 스로인의 세계기록 보유자입니다. 은퇴 후 그는 그 누구도 주목하지 않았고 그 누구도 시도하지 않은 틈새의 주인이 되겠다고 다짐합니다. 바로 '스로인 전문가'로 미지의 길을 열어 가는 것입니다. 그는 도서관과 인터넷을 통해 관련 자료를 찾아보았지만 스로인을 학구적으로 풀어낸 정보는 찾을 수 없어 아예 자신이 전문적인 방법을 고안해 선수들을 가르치기 시작했습니다. "잘 던진 스로인은 골로 이어질 수도, 실제 팀을 구할 수도 있다"는 것이 그의 신념이자 확신이었습니다. 실제 2018년 UEFA 네이션스 대회에서 1대0으로 끌려가던 영국의 '고메즈' 선수가 그에게 익힌 35미터 롱스로인으로 극적인 동점골을 만들어 냈습니다. 결국 롱스로인 전략은 크로아티아에게 2대1 역전승을 이끄는 결정적 계기가 되었습니다. 또한 그의 스로인 지도를 받은 덴마크의 한 팀은 스로인 훈련 덕분에 통산 10골을 더 뽑아내기도 했습니다.

세계 프로 축구 명문 중 하나인 리버풀의 '클롭' 감독은 경기를 분석해보니 스로인 상황에서 상대편에게 자주 골을 빼앗긴다는 것을 발견하였습니다. 보통 한 팀이 한 경기에서 약 50회의 스로인을 하는데 이는 적은 숫자가 아닙니다. 이때마다 안정적으로 볼을 소유할 수 있다면 보다 점유율을 높일 수 있는 유리한 입장을 갖게 됩니다. 만약 상대편 진영에서 얻은 스로인을 보다 골문에 가깝게 던질 수 있다면 분명 상대편을 압박하는 옵션 중 하나가 될 것입니다. 실제 스로인 전문가인 그론마크는 스로인을 롱스로인, 빠른 스로인, 영리한 스로인 세 가지로 분류하여 상황에 맞는 스로인을 할 수 있도록 지도했습니다. 우승에 목마른 리버풀은 그론마크를 정식 코치로 영입했고 BBC

는 '축구계에서 가장 이상한 직업'이라며 그를 대서특필했습니다. 그는 자신이 줄곧 몸담았던 영역에서 선수로서는 빛을 보지 못했지만 스로인이라는 새로운 영역을 발견하고 세계 최초 스로인 코치로서 자신만의 커리어를 쌓아가고 있습니다.

 지금까지 인류 사회에 급속하게 진행된 정보화 혁명과 IT의 발달은 그 자체로 블루오션이었습니다. 그런데 블루오션이었던 분야는 시간이 갈수록 경쟁이 치열해지면서 급속도로 레드오션으로 바뀌게 됩니다. 한때 시장을 휩쓸었던 블루오션 전략은 시대를 막론하고 여전히 유효하지만 레드오션 시장이라고 해서 성공할 가능성이 없는 것은 전혀 아닙니다. 자수성가한 억만장자 120명을 연구한 PwC부회장 '마치 코언'은 실제로 조사한 억만장자 중 80%가 기존의 극심한 경쟁 시장에서 부를 창출했다고 합니다. 그들은 기존 시장에서 충족되지 않았던 소비자의 욕구와 미지의 틈새를 찾아내 새로운 성장의 발판으로 삼았습니다. 우리에게 무언가 새로운 분야를 기웃거려야만 될 것 같은 강박에서 벗어나게 해주는 희망적인 연구결과가 아닐 수 없습니다.

 우리나라에서 참으로 흔하디 흔한 트럭 장사꾼 세계를 평정한 분이 있습니다. 트럭에서 파는 과일로 1억 5천만 원의 빚을 갚고 지금은 연간 매출 100억 원을 올리는 CEO로 성장한 '배성기' 국가대표 과일촌 대표입니다. 배성기 대표는 '트럭 장사 사관학교'를 운영하면서 장사의 노하우를 알려주고 있으며 '장사꾼 대학' 설립을 꿈꾸고 있습니다. 이 모든 것을 가능하게 한 것은 완벽한 레드오션 시장에 뛰어들어 자신만의 차별화된 영업 노하우를 누구도 주목하지 않은 틈새에 적용했기 때문입니다. 그는 새벽 5시에도 신림동 곱창골목을 가면 과일을 팔 수 있다고 합니다. 곱창집 이모들의 퇴근 시간은 바로 이른 아침 5시 반부터 7시까지…. 대부분 가정주부인 이들은 퇴근길 트럭에서 손쉽게 구할 수 있는 채소와 과일을 그냥 지나치지 않는다는 것입니다. 틈새 고객의 틈새 시간을 파고든 프로 트럭 장사꾼다운 면모입니다.

그 누구의 말씀대로 세상은 넓고 할 일은 많습니다. 세상은 넓고 틈새는 많은 법입니다.

IQ — INSIGHT QUESTION

**아직 시도하지 않았지만 당신이 지금 속해 있는 조직이나 분야에서
새롭게 도전해 볼 만한 틈새는 무엇입니까?**

노크 / 도전
KNOCK

천국의 문을 두드리는 야구 미생

한때 유행했던 가요 경연 프로그램 '나는 가수다'를 기억하십니까? 매 회 흥미진진한 미션이 주어지고 혼신의 힘으로 각자의 가창력을 뽐내는 가수들의 열창이 시청자의 눈과 귀를 사로잡았던 프로그램입니다. 언젠가 외국 팝송을 부르는 미션이 주어진 적이 있었고 때마침 제가 정말 좋아하는 가수, 소울 충만한 블루스의 여제 '한영애'가 등장했습니다. 그녀의 선곡은 역시 그녀다웠습니다. 한영애가 경연을 위해 선택한 곡은 노래하는 음유시인이자 대중 가수로서 최초로 노벨문학상까지 수상한 '밥 딜런'의 'Knockin' on Heaven's door'였습니다.

Knock knock knockin' on heaven's door
(두드려요 두드려요 천국의 문을 두드려요)
Knock knock knockin' on heaven's door
(두드려요 두드려요 천국의 문을 두드려요)

읊조리다 흐느끼다 토해내다 몽환의 선녀처럼 노래에 올라탄 한영애는 노래를 하기보다 관객들의 가슴의 문을 두드리는 것 같았습니다. 객석에 있는 한 청년은 무엇이 복받쳐 그리 뜨거운 눈물을 쏟아내는지 감동과 환희에 찬 그의 눈물을 지금도 잊을 수 없습니다.

오래전에 '짐 모리스' 선수의 실화를 바탕으로 만든 '루키'라는 야구 영화를 재미있게 보았습니다. 어깨 인대가 끊어져 야구를 포기하고 시골 학교에서 야구부 코치 겸 화학을 가르치던 선생님이 35세에 시속 157킬로를 던져 주목받아 결국 메이저리그에 데뷔한다는 줄거리입니다. 만화 같은 스토리지만 짐 모리스는 엄연히 실제 인물입니다. 그런데 대한민국 야구 역사 38년 만에 짐 모리스 보다 더욱 드라마틱한 선수가 등장했습니다. 짐 모리스는 그래도 한때 정식으로 야구부에서 야구를 했던 선수입니다. 하지만 노크 ^{도전} 의 절정을 보여주는 LG트윈스 '한선태' 선수는 비선출 ^{비선수출신} 입니다. 다시 말하면 학생 시절 야구부도 아니었던, 그러니까 야구를 정식으로 배운 선수가 아닙니다. 대한민국 최초 비선출 프로야구 선수 한선태가 두드린 노크의 여정을 요약해 보겠습니다.

• 2009년 중3 때 '월드베이스볼클래식' 결승전을 보고 야구에 빠짐. 동호회 결성

• 2010년 부천고 야구부 테스트 받게 해달라고 간청…

  수준 미달로 야구부 못 들어감

• 2012년 고3 때 '고양 원더스' 찾아가 테스트…. 떨어짐

• 2013년 고양 원더스 다시 노크, 테스트 또 낙방

• 2014년 입대…. 군대에서 틈틈이 캐치볼

- 2016년 전역하자마자 독립리그 '파주 챌린저스' 테스트 합격…

  구속 120키로 미만
- 규정상 비선수 출신은 프로야구 육성선수 입단 불가, 드래프트 기회조차 없음
- 일본 독립리그 '골든브레이브스' 노크, 테스트 합격
- KBO, 비선수 출신도 트라이아웃을 거쳐 드래프트에 나올 수 있도록 규정 바꿈
- 트라이아웃에서 145킬로 강속구 기록
- 2018년 LG트윈스 10라운드 전체 95번째로 한선태 지명
- 2019년 6월 25일 프로야구 1군 데뷔, 1이닝 무실점

그의 군 시절은 어땠을까? 한선태는 수색대에 자대 배치받자마자 집에 연락해 글러브를 보내 달라고 해서 틈나는 대로 캐치볼을 하고 웨이트 트레이닝을 열심히 했습니다. 휴가도 사회인 야구 일정에 맞춰서 썼다고 합니다. 국방의 의무를 다하는 과정 중 주어지는 짤막한 시간조차 온통 전역 후의 플랜을 위해 준비하는 시간으로 활용했습니다. 한선태 선수는 그가 우상으로 여기던 임창용 선수처럼 사이드암으로 공을 던졌습니다. 일반적으로 비선출은 120킬로에도 미치지 못하는 함량 미달의 구속을 보여주기 마련입니다. 그것이 비선출의 결정적인 한계이며 한선태 선수 또한 예외가 아니었습니다. 그런데 파주 챌린저스에서 연습하던 중 스리쿼터로 던져 보라는 코치의 말을 듣고 폼을 수정하자 거짓말처럼 140킬로 이상을 던지는 투수로 변신하게 되었습니다. 구속 상승은 야구부 문턱에도 가보지 못한 비선출

선수의 희박한 가능성을 현실로 만들어 내는 결정적 계기가 되었습니다. 하지만 구속 상승 이전, 그 이전의 이전 어느 순간 최초의 노크와 거듭되는 좌절에도 불구하고 노크 어게인을 계속해 온 노크의 역사가 정작 그 모든 기적의 씨앗이었습니다. 또한, 계속해서 두드리다 보니 하늘도 스스로 돕는 자를 돕는 것일까 때맞춰 규정이 바뀌고 천금 같은 원 포인트 레슨을 해 준 코치가 드라마틱하게 그의 인생극장에 등장했습니다. 세상은 끊임없는 노크에 대한 응답을 반드시 하게끔 기획되어 있나 봅니다. 사람을 만나게 하거나 행운을 주거나 응답의 형태가 다를 뿐입니다. 끊임없는 노크가 담보된다면 당신이 원하는 천국의 문은 열리게 되어 있습니다.

2019년 6월 25일 한선태 선수가 역사적인 프로야구 1군 무대 첫 등판을 가졌습니다. 혹자는 야구 미생의 유쾌한 반란이라 하지만 제가 보기엔 장엄한 등장이었습니다. 마운드에 선 그의 모습은 방금 걸어 올린 물고기 마냥 신선했고 힘차게 공을 뿌리는 투구 폼에선 시퍼런 힘줄이 느껴졌습니다. 말로만 듣던 145킬로 속구가 싱싱하게 가슴으로 들어왔습니다. 공을 던지는 것이 아니라 한선태 자신이 원하는 천국의 문을 두드리는 것 같았습니다. 순간 한영애의 속삭임이 전율처럼 행간을 파고듭니다.

Knock knock knockin' on heaven's door

(두드려요 두드려요 천국의 문을 두드려요)

Knock knock knockin' on heaven's door

(두드려요 두드려요 천국의 문을 두드려요)

당신이 하고 있는 일이나 역할을 더 잘하기 위해
지금 도전하고 있는 것은 무엇입니까?

빵이었던가? 초코파이 였던가? 정확히 기억나지는 않지만 분명 달콤한 유혹이 있었습니다. 교회는 그렇게 빵으로 과자로 사탕으로 어린 양들을 하느님의 세계로 초대했습니다. 하지만 저는 가히 초현실에 가까웠던 원수를 사랑하라는 말씀에 빵이든 무엇이든 심리적 소화불량에 걸리지 않을 수 없었습니다. 어린 나이에도 인간으로서 불가능하다는 막연한 생각이 신에 대한 경외심보다 더 크게 다가왔습니다. 오른 뺨을 맞거든 왼 뺨도 내밀어라? 유년 시절 도저히 하느님께 다가갈 수 없게 만든 초인적인 말씀입니다. 하지만 그런 내게도 지극히 평범하고 지극히 인간적으로 들리는 하느님의 말씀이 있었습니다. "Knock and the door will be opened to you 두드려라. 그러면 열릴 것이다." 세상 사람들도 덩달아 하느님의 의도와 관계없이 도전을 장려하는 자극과 촉진을 위해 두드려라 두드려라를 강조했습니다.

선수라면 누구나 프로 무대를 꿈꾸게 됩니다. 고교를 졸업하고 KBO 구단에 지명을 받지 못한 한 선수가 두드려온 노크의 여정은 좌절의 연속이었습니다.

• 보스턴 레드삭스 루키리그 입단, 1년 만에 방출

- 1년 동안 MLB 타구단 입단 테스트, 결국 실패

- 귀국 후, KBO 리그 입단 시도했으나 거절

- 군 입대- 제대 후 사이판에서 야구 지도하면서 KBO 재도전 준비

- 프로야구 선수의 꿈 좌절, 명지전문대 심판학교 입학

- 자격증 취득, 심판 생활 시작

- 하지만 나이제한으로 프로야구 심판 불가

    선수에서 심판으로 노선을 바꿨더니 이래저래 프로선수가 되기 위해 보낸 세월 탓에 나이 제한에 걸리게 되었고, 규정에 의해 프로야구 심판은 볼 수 없다고 하면 이 꼬이고 꼬인 상황에서 당신이라면 어떻게 하시겠습니까? 프로 선수의 꿈은 좌절됐지만 심판으로서 프로 무대에 서고 싶은 간절한 당신이라면 말입니다. 선택지는 그리 많아 보이지 않습니다. 아쉬운 대로 아마 야구 심판에 만족하던가 아니면 심판의 길을 접고 새로운 직업을 찾아 나서던가….

    그런데 이 사람이 두드린 그다음의 노크가 예사롭지 않습니다. 아무도 주목하지 않는 곳에서 한국인 최초 메이저리그 심판의 문을 노크하는 김재영 심판이 있습니다. 그는 국내 아마 야구 심판의 길을 접고 2016년 36세에 미국으로 건너가 심판 아카데미에서 교육을 받습니다. 하지만 이번엔 영어가 문제였습니다. 결국 최종 평가에서 탈락, 짐을 싸야 했지만 다시 도전하여 혹독한 교육과 평가의 과정을 이겨내고 최종 합격하여 지금은 비록 마이너리그지만 심판으로서 활동하

며 메이저리그 진출을 꿈꾸고 있습니다. 그의 꿈은 진정 프로무대에 서는 것입니다. 그가 선수로 어려우니 심판의 문을 노크하는 것은 꿈과 도전의 정수가 어떠해야 하는지를 한결 깊이 있게 보여줍니다. 나이 제한의 암초를 만나고 나서 그런 규정이 없는 세계 최고의 무대로 발걸음을 옮기는 대목에선 꿈과 도전의 디자인을 스스로 만들어 마치 돌파와 창조의 무늬를 펼쳐낸 듯 경이로울 따름입니다. 왠지 모를 비합리의 그늘과 구태의 그림자가 역력한 나이 제한이 심판에도 적용되는 것을 어찌 탓할 수 있겠습니까? 하지만 분명한 것은 성취의 모드는 좌절의 마디에서 한 번 더 두드리는 사람과 주저앉은 사람을 구분하면서 작동하기 시작한다는 것입니다.

김재영 심판이 가야 할 길은 아직도 첩첩산중입니다. MLB 심판의 세계는 선수들과 다를 바가 없어 마이너리그의 열악한 처우를 이겨내야 하는 인고의 과정이 있습니다. 하루 7~10시간 운전해야 하는 장거리 이동은 상당한 체력을 요구할 뿐만 아니라 시즌 때만 나오는 빈약한 월급으로 생활이 어렵기 때문에 투잡 생활은 기본입니다. 또한, 영어 실력의 한계를 극복하기 위해서는 끊임없이 어학 공부에 매진해야 합니다. 무엇보다 된다는 보장이 없는 미증유의 꿈을 부여잡고 부대껴야 하는 불안의 시간이야말로 가장 큰 고통일 것이며 언제 끝날지 모르는 불확실한 여정에는 숱한 좌절과 포기의 유혹이 능구렁이처럼 진을 치고 있을 것입니다. 도전을 주저하는 것은 이와 같은 불확실성 때문이요 도전이 아름다운 것은 김재영 심판처럼 불확실한 미지의 세계를 뚫고 가는 당찬 기백이 있기 때문입니다.

과감한 노크에 나선 김재영 심판이 지난한 도전의 여정에 반드시 만나게 될 역경의 Cycle을 담대하게 마주하기를, 놓아 버리고 싶은 좌절의 순간마다 애초의 노크를 결심했던 순간과 초심의 의지로 돌아가기를, 그 가운데 한국인 최초 메이저리그 심판이라는 꿈의 열매가 조금씩 익어가는 기쁨이 함께 하기를, 하여 언젠가 마침내 당당히 최초의 기록에 당신의 이름으로 불도장을 찍기를…. 국내 최초로 메이저리그 심판의 세계를 노크하는 김재영 심판에게 "두드리면 열리리라"라고 하신 하느님께서 몸소 응답해 주시기를 기대합니다.

IQ ── INSIGHT QUESTION

최고의 문에 노크하겠습니까? 최초의 문에 노크하겠습니까?
그것을 이룰 수 있는 당신의 자원은 무엇입니까?

복사
XEROX

세계를 평정한 한국 여자골프의 비밀

　　세계에서 대한민국이 가장 빛나는 스포츠 종목은 무엇이라고 생각하십니까? 태권도? 종주국으로서 위상과 실제 따내는 메달이 적지 않지만 이제 더 이상 확실한 메달밭이라 하기엔 다른 나라 선수들의 실력이 만만치 않습니다. 세계적으로 실력이 평준화된 지 이미 오래되었습니다. 누가 뭐라 해도 대한민국 최고의 종목은 역시 양궁입니다. 한국 양궁 남녀 대표팀은 지난 리우 올림픽 단체전에 걸린 4개의 금메달을 모두 따냈으며 특히 여자 양궁은 무려 올림픽 8연패의 신화를 이루었습니다. 세계에서 한국은 이제 더 이상 변방의 코리아가 아닙니다. 양궁뿐만 아니라 다양한 종목에서 스포츠 강국으로서 면모를 과시하고 있습니다.

　아마추어에 양궁이 있다면 프로의 세계에서는 어떤 종목이 우리나라의 대표 종목일까? 스포츠인사이터는 여자골프를 첫손으로 꼽습니다. 그 어렵다는 US오픈 우승을 2020년까지 지난 13년간 한국 선수들이 무려 9번을 차지했고 2019년 대회에서는 예선 면제자 100명 중 24명이 한국 선수들입니다. 2017년 대회에서는 최종 Top10 중 7명이 한국 여전사들이었습니다. 미국 골프 매체 골프닷컴에서는 "US여자오픈에서 한국의 강세는 근대 골프에서는 매우 드문 현상이다"라며 한국 여자 골프의 위상을 추켜세웠습니다. 이제는 US오픈뿐만 아니라 웬만한 대회의 우승자가 한국 선수가 아닐 때 보다 주목받고 화제가 되는 형국이 되었습니다. 한국 골프의 세계화에 선구자적 역할을 한 박세리가 맨발의 샷을 선보이며 우승한 대회가 바로 1998년 US오픈입니다. 그 후로 20여 년이 지난 지금 급성장을 넘어 독보적인 골프 강국의 위상을 가진 한국 여자골프의 경쟁력은 도대체 어디에서 나오는 걸까?

20세기 대한민국 국민들에게 골프 종목의 세계 우승은 감히 넘볼 수 없는 미지의 영역으로 인식되었습니다. 그 넘을 수 없는 세계의 장벽을 뚫고 박세리가 최초로 우승을 차지하자 자라나는 골프 꿈나무에게 박선수는 닮고 싶은 영웅이자 롤 모델이 되었습니다. 이른바 '세리 키즈'가 탄생했고 그들의 눈높이가 박세리의 성과에 맞춰지면서 박세리가 밟아 간 미국 진출을 그대로 따라 하기 시작했습니다. 박세리가 쓰는 클럽으로 바꾸기도 하고 박세리의 스윙과 퍼팅을 복제하여 자신의 것으로 만들었습니다. 특히, 유년 시절 박세리 선수의 혹독했던 연습량이 화제가 되면서 세리 키즈들에게 박선수 정도의 연습량을 갖는 것은 하나의 기준이 되었습니다. 외신들이 "한국 선수들의 연습량은 도저히 따라갈 수 없다"며 "그들은 마치 골프를 치는 기계와 같다"고 말하는 것은 결코 과장이 아니었습니다. 박세리의 복사판인 세리 키즈들이 세계 골프 시장에 진출했고 마치 서로 경쟁하듯 돌아가며 정상을 차지하는 우승의 사이클을 만들어 내면서 한국 여자골프는 독보적인 골프 강국으로 성장할 수 있었습니다.

박세리는 미국 LPGA 명예의 전당에 오르는 전설의 선수로 남게 되었지만 아쉽게도 세계랭킹 1위를 차지한 적은 한 번도 없었습니다. 바로 필생의 라이벌이자 골프의 여왕으로 불리는 '애니카 소렌스탐'과 '캐리 웹'이 있었기 때문이었습니다. 이 세 선수는 90년대 말과 2000년대 초 골프계를 삼등분한 선수들인데 이들의 우승 커리어를 보면 라이벌이면서도 확실한 경쟁력의 차이를 느낄 수 있습니다. 아마 세 선수가 자웅을 겨루기 위해 열 번의 시합을 가진다면 소렌스탐이 5회, 캐리 웹이 3회, 박세리가 2회 정도 우승하지 않을까? 세계를 제패한 박세리와 캐리 웹이지만 이들보다 확실히 한 수 위였던 골프 여제 '애니카 소렌스탐'은 마치 농구에서 조던의 아성과 견줄 만 했습니다. 그녀는 실제 미국 웹사이트인 About.com에서 뽑은 역대 최고의 여성 골퍼 50인 중 당당히 1위를 차지하기도 했습니다. 소렌스탐은 2005년 한 해 무려 10개의 대회에서 우승하였고 은퇴를 선언했다 다시 복귀한 후에도 메이저 대회 우승을 3회나 추가로 기록한 위대한 선수입니다.

우리에게 세리 키즈가 있다면 대만에는 '소렌스탐 키드'라 불리는 선수가 있었습니다. 바로 '청야니' 선수입니다. 청야니의 꿈은 자신이 우상으로 삼았던 소렌스탐처럼 되는 것이었습니다. 12세에 소렌스탐을 보며 세계 정상을 꿈꾸었고 소렌스탐의 모든 것을 복사했습니다. 심지어 소렌스탐이 새로 이사를 하자 청야니는 그녀가 살던 집을 사서 거주할 정도였습니다. 소렌스탐은 자신의 우승 트로피 72개를 보관해 온 트로피 진열대를 청야니를 위해 놓고 갔고 청야니는 자신의 우승 트로피로 진열대를 가득 채우는 모습을 상상하면서 훈련에 매진했다고 합니다. 실제 둘은 자문을 구하고 조언을 하는 '멘토 멘티' 관계로 발전했고 청야니는 메이저대회 최연소 4승을 기록하면서 세계 랭킹 1위에 등극했습니다.

세계에서 노벨상을 가장 많이 배출한 대학은 미국의 시카고 대학입니다. 그런데, 시카고대학이 추구하는 탁월함의 비결은 의외로 단순했습니다. 숙명여대 '이소희' 교수는 한 리더십 전문 매거진에서 시카고 대학의 독특한 커리큘럼을 소개한 바 있습니다. 시카고 대학의 학생들은 4년 동안 100권의 책을 읽고 자신이 롤모델로 삼을 대상을 찾아 발표해야 합니다. 이를 계기로 학생들은 롤모델을 통해 자신의 꿈과 재능이 만개한 미래의 모습을 정조준하고 비범한 결단과 중단 없는 전진으로 롤모델을 복제하기 시작합니다. 이런 시카고의 롤모델을 찾는 커리큘럼을 중국의 칭화대가 또 그대로 따라 하고 있습니다.

다른 사람이 몇 년에 걸쳐 배운 것을 단 몇 분 안에 완벽하게 배우고 싶은가?

다른 사람이 가진 탁월성을 재생산하고 싶은가?

그렇다면 그 사람을 모델링하라.

- 앤서니 라빈스

성공을 원하는 사람이라면 누구나 가져야 할 유효한 신념이 있습니다.

이 세상에서 누군가 해냈다면 반드시 나도 할 수 있다.

조직 내에서 최고라는 평판을 가진 동료, 성과급을 가장 많이 받는 상사, 초고속 승진으로 중역의 자리에 오른 임원, 회사의 CEO 자리에 오른 입지전적인 누군가가 있다면 그런 영광이 오직 그에게만 허락되는 것은 아닙니다. 그가 해냈다면 반드시 나도 할 수 있습니다. 이를 위해 가장 효과적이고 가장 빠른 길은 그가 한 대로 똑같이 해보는 것입니다. 롤모델을 정하고 그대로 따라 하기…. 인간 복사기가 되는 것을 주저하지 않을 때 더 빨리 더 많은 것을 얻게 됩니다. 아무리 생각해도 마다할 이유가 없습니다.

IQ — INSIGHT QUESTION

**당신에게 자녀가 있다면
당신의 자녀가 당신의 어떤 좋은 점을 꼭 따라 하면 좋겠습니까?**

두 달여 신입사원 교육을 마치고 부서 배치를 받자 대리 한 분이 저를 데리러 왔습니다. 전 부서를 돌아다니며 인사를 시켰고 곧바로 팀 회의에 참석해 간단한 자기소개를 했습니다. 회의가 끝나자 M과장님께서 서류를 잔뜩 들고는 따라 오라고 합니다. 사무실 끝 쪽 귀퉁이에 있는 복사기 앞이었습니다. 입사하고 처음 배운 것이 말로만 듣던 그 복사, 맞습니다. Copy 하는 방법이었습니다. 복사에도 요령이 있었습니다. 당시의 복사기는 요즘 복사기엔 기본적으로 갖추고 있는 양면 복사나 페이지별 분류 기능이 없어서 장수가 많은 대량의 복사는 여간 손이 많이 가는 일이 아니었습니다. M과장은 글씨는 제대로 보이는지, 전체 틀이 비뚤어지지는 않았는지 간혹 중간에 백지만 나오는 경우도 있어 중간 중간 확인해야 하고, 수량은 맞는지 누락된 건 없는지 순서대로 차곡차곡 정리해서 전달해 줘야 한다며 세세하게 가르쳐 주었습니다. 특히 사장님이 참여하는 임원회의 때 복사를 잘못한 회의 자료를 내놓았다가 엄청나게 깨져 난리가 났었다는 흑역사와 그것을 만회하기 위해 순간적으로 기지를 발휘한 무용담을 듣고는 입사 첫날부터 막연하게나마 "아! 일이라는 게 회사라는 게 이런 거구나"라고 느끼게 되었습니다. 무슨 일이든 중요하지 않은 게 없다고 하는 데 복사 또한 단순해 보이지만 다른 어느 것 못지않게 매우 중요한 일이었습니다.

다른 선수들은 다 내가 이길 수 있다.
하지만 코비만큼은 승패를 장담할 수 없다.
그는 나의 모든 기술을 훔치기 때문이다.

- 마이클 조던 인터뷰 中

신이 농구 선수로 변장해 내려왔다는 농구 황제 마이클 조던이 은퇴 후 "지금 전성기로 돌아가면 현역 선수들과 1대1에서 이길 것 같냐?"라는 질문을 받자 위와 같이 답했습니다. 자신의 모든 것을 카피해서 따라 하는 코비의 능력을 인정하지 않을 수 없던 것입니다.

2003년 조던 은퇴 후 농구 팬들의 영웅에 대한 허기를 달래 준 선수가 바로 '코비 브라이언트'입니다. 15년의 나이 차로 인해 겹치는 시점이 많지는 않았지만 코비는 조던에 가장 근접했던 선수로서 케빈 듀란트는 "코비는 우리 세대의 마이클 조던"이라고 평가했습니다. 코비는 LA레이커스 한 팀에서만 20년을 뛰면서 5번 우승했고, 올스타 18회, 올림픽 금메달 2개, 시즌 MVP와 파이널 MVP를 모두 수상, 조던의 통산 득점을 뛰어넘고 역대 네 번째로 득점을 많이 한 선수, 한 경기 무려 81점을 넣었던 쉽게 얘기하면 조던처럼 혼자서는 막을 수 없고 혼자 둬서는 안 되는 선수였습니다. 그래서 'Mr 81'로 불리기도

하고 강력한 돌파와 비행 후 기묘하게 몸을 비틀어 슛을 쏘는 특유의 유연하고 날렵한 동작으로 인해 'Black mamba 검은 독사'라는 별칭을 얻었습니다.

코비는 소년 시절부터 마이클 조던의 팬이었고 딱 조던처럼 되는 것이 꿈이었습니다. 테이프가 늘어지도록 조던의 경기 비디오를 돌려 보고 또 보고 조던의 플레이를 그대로 따라 했습니다. 코비가 상대 수비와 링을 등에 지고 공격하는 포스트 업 플레이를 하다가 돌아서서 쏘는 페이드 어웨이 슛을 할 때는 생긴 것만 달랐지 그냥 조던과 똑같은 모습이었습니다. 수비를 뚫고 돌진할 때 조던처럼 혀를 내밀었고, 조던처럼 경기 중 유니폼을 입으로 물었습니다. 심지어 NBA 데뷔 당시 측정된 2미터1센치 신장도 조던과 같은 신장 198센치로 조정할 정도였습니다. 한 마디로 조던의 플레이와 기술의 복사를 넘어 스타일과 습관 특별한 동작까지 모두 철저히 복제했습니다.

그 결과 조던의 모든 것을 따라 한다는 일각의 조롱과 비아냥거림에도 불구하고 결국 코비는 조던과는 다른 자신만의 브랜드가 되었습니다. 코비와의 1대1 승부는 장담할 수 없다는 조던의 고백이 대단한 화제가 된 만큼 "옛날엔 모두 당신의 플레이를 따라 하고 나도 당신을 따라 했지만, 지금은 다들 나를 따라 한다."라는 코비의 의미심장한 답변 또한 많은 사람들에게 적지 않은 영감을 주었습니다. 롤 모델을 따라 하다 보면 어느새 자신 또한 비범한 경지에 오르게 되는 성공의 여정을 보여주는 말이었고 코비 자신이 '롤 모델을 따라 해서 성공한 롤 모델'로서 사람들에게 인식되는 계기가 되었습니다.

사실 코비에게는 광팬도 많았지만 안티 팬도 적지 않았습니다. 화려하지만 개인플레이가 많았고 기승전 슛이라 불릴 만큼 유독 자신이 해결하려 했으며 실제 지나치게 슛을 난사하는 측면이 없지 않았습니다. 하지만 그 모든 비난을 누르고 그를 위대한 선수로 평가할 수밖에 없는 절대적인 이유가 있는데 마치 농구밖에 모르는 사람처럼 그 어떤 선수도 범접할 수 없는 엄청난 연습량과 연습에 임하는 매 순간 진지하게 최선을 다하는 모습 때문입니다. 2011년 한국에 와서 농구 클리닉을 하면서 남긴 그의 메시지는 명료했습니다.

연습 이외에는 방법이 없다. 비밀 공식은 없다.

늘 최선을 다하라.

- 코비 브라이언트 방한 인터뷰 中

코비가 농구에 임하는 자세를 단적으로 보여주는 사례가 있는데 2006년 코비는 데뷔 때부터 달고 있던 등번호 8번을 24번으로 바꾸었습니다. 하루 24시간, 공격 제한 시간 24초를 결코 헛되이 보내지 않겠다는 의미와 자신의 다짐을 새로운 등번호에 새긴 것입니다. 이미 NBA를 세 번씩이나 우승한 코비는 등번호를 바꾸고 두 번의 우승을 추가합니다. LA 의회는 코비가 은퇴하자 8월 24일을 코비 브라이언트 데이로 정하기로 의결하였습니다. 그의 등번호 8번과 24번을 기리는 의미에서 날짜를 정했고 LA레이커스는 8번과 24번을 모두 영구결번으로 지정하였습니다. 전 세계 모든 스포츠를 통틀어 한 선수가 가졌던 두 개의 등번호가 동시에 영구결번되는 것은 처음 있는 일이었습니다. 그런데 코비가 24번을 등번호로 바꾼 데에는 꼭 그런 고매한 뜻만 있었을까? 스포츠인사이터는 결코 그렇게 생각하지 않습니다. 마이클 조던의 등번호는 23번… 아마도 코비는 자신의 우상을 뛰어넘겠다는 의지를 되새기기 위해 새로운 등번호 24번을 선택하지 않았을까? 그것이 진짜 그의 속마음이었는지도 모릅니다

　나의 지향점을 안내해 줄 롤 모델을 갖는 것만큼 효과적인 성취의 방법이 있을까? 이런저런 성공에 대한 담론이 넘쳐나는 세상이지만 여건과 상황은 늘 만만치 않습니다. 누군가를, 무언가를 똑같이 따라 하는 복사의 지혜가 절실한 이유입니다. 가장 빠르고 가장 효과적이며 하다 보면 자신의 색깔을 입힐 수 있는 새로운 길을 펼치게 됩니다. 중요한 것은 그냥 복사가 아니라 바로 '철저한 복사'입니다. 황제 조던을 철저하게 복사한 코비처럼 말입니다.

　그 옛날 M과장께서 신입사원인 저에게 복사를 그토록 철저하게 가르쳐 준 것은 다 이유가 있었습니다.

IQ — INSIGHT QUESTION

**코비가 조던을 철저히 복사한 것처럼 당신이 속한 조직에서
꼭 닮고 싶은 사람은 누구이며 그의 어떤 점을 복사하고 싶습니까?**

이 글을 쓰는 중

코비의 안타까운 사고사 소식을 들었습니다.

많은 이들에게 영감을 준 코비에게

영원한 안식이 함께 하기를 바랍니다.

타이밍
TIMING

타이밍, 신의 한 수가 되다

스포츠인사이터는 군대를 제대하고 대학에 다시 도전하기 위해 입시 학원에 갔습니다. 그런데 뜻밖에도 학원에서 고등학교 때 친구 L을 만났습니다. 무척 반가웠지만 속으로는 놀라움이 더 컸습니다. 서로가 "저 녀석이 여기 왜 있지?"하는 생각을 떨쳐 버릴 수 없기 때문이었습니다. L은 대담할 정도로 자유로운 학창 시절을 보냈고 특히 고3 때는 거의 학교에 나오지도 않을 정도였습니다. 그러다 보니 L은 기초가 부족했고 진도를 따라가기가 쉽지 않아 보였습니다. 하지만 철든 L은 진득했고 특유의 영특함으로 빠르게 지식을 채워갔습니다. 마침내 우리 둘은 만학도로서 뒤늦게 대학에 합격하는 기쁨을 누렸습니다. 그런데 L은 합격 후 여유 있는 시간을 가진 저와는 달리 곧바로 공무원 시험 준비에 들어갔습니다. 당시 공무원은 지금만큼 인기가 있지도 않았고 시험도 그리 어렵지 않았습니다. L은 "해 놓은 공부가 있을 때 공무원 시험도 마저 보겠다"며 "지금을 놓치면 언제 또 공무원 시험을 보겠냐?"고 했습니다. L은 공무원 시험에 합격했고 지금은 많은 친구들이 가장 부러워하는 친구 중 하나가 되었습니다. L과 함께 술자리를 가지면 서로가 제대 후 공부하던 기억을 무용담처럼 하게 되는데 L은 늘 그때 공무원 시험을 본 게 신의 한 수라고 얘기합니다.

가장 아끼던 후배 K가 고민에 빠졌습니다. 합격한 회사에 들어가야 할지 아니면 자신이 그토록 원하는 회사에 한 번 더 도전해야 할지 여간 고민하는 모습이 아니었습니다. K는 과감히 합격한 회사를 포기하고 더 큰 기회를 노렸습니다. 그런데 갑자기 나라 전체가 IMF 외환위기에 빠졌고 채용 시장은 완전히 얼어붙었습니다. K는 할 수 없이 대학원에 진학해 공부를 계속했지만 이후 합격 소식은 들리지 않았고 이후 야심차게 준비한 사업은 시작하자마자 '리먼브라더스' 사태로 인해 좌초되고 말았습니다. 회사에 입사할 수 있는 중요한 타이밍을 놓치자 이후 삶 전체가 엉뚱하게 꼬여 지금도 고전하는 원인이 되었습니다.

누구나 한 번쯤은 들어본 얘기가 있습니다. "인생은 타이밍이다!"

곰곰이 생각해보니 어긋나는 무언가의 뿌리를 보면 결국 타이밍으로 수렴되는 경우가 대다수입니다. 사랑도, 행복도, 성공도 어쩌면 세상 모든 것이 결국 타이밍의 싸움입니다. 그만큼 타이밍이 결정적일 때가 너무나 많습니다. 어느 타이밍인지에 따라 성과의 사이즈가 너무나 많이 달라지기 때문입니다. 그래서 최적의 타이밍을 아는 지혜는 언제나 보다 수월하고 원활한 흐름을 가져오게 하고 거둘 수 있는 최대의 수확을 가능하게 합니다. 직장생활 중 중간보고 타이밍을 놓치고 뭉개고 있으면 어김없이 상사가 먼저 찾습니다. 이제 나도 선배들처럼 교육 연수 좀 다녀올 수 있겠구나 싶으면 여지없이 인사 규정이 바뀌고 자격 요건이 강화됩니다. 휴가 좀 쓰려면 기다렸다는 듯이 돌발 업무가 생깁니다. 직장생활 뿐입니까? 우리 삶의 희로애락에 타이밍이 있습니다. 수년 전 대한민국을 울린 '골든타임'이 있었습니다. 우리의 생명을 살리는 일에도 타이밍은 죽느냐 사느냐의 관건이 됩니다.

 2000년 이후 저에게 영감을 준 최고의 명승부가 있습니다. 바로 2008년 북경올림픽 야구 결승 한국 대 쿠바의 경기입니다. 대한민국은 파죽의 연승행진을 이어가며 마침내 세계 최강 쿠바와 결승전에서 금메달을 놓고 마지막 한판 승부를 벌이게 되었습니다. 당시 북경 올림픽을 끝으로 야구는 올림픽 정식 종목에서 제외됨에 따라 올림픽에서의 마지막 야구 금메달을 어느 나라가 차지할 것인지가 초미의 관심사였고 야구 강국들은 저마다 최고의 선수단을 구성, 금메달에 대한 전의를 불태웠습니다 야구는 2021년 동경올림픽 정식종목으로 다시 채택되었습니다 . 대한민국은 최강 쿠바와 팽팽한 승부를 펼치면서 3대2로 근소한 우세를 지속해 나갔고 마침내 9회만 막아내면 금메달의 꿈을 이룰 수 있는 희망의 불꽃이 그라운드의 다이아몬드처럼 반짝거리고 있었습니다. 그런데, 주심이 류현진 투수가 던진 완전한 스트라이크를 볼로 판정하면서 연속 4구를 허용, 한국 팀은 순식간에 만루의 위기에 놓이게 되었습니다. 메이저리그 올스타와 붙어도 밀리지 않을 것이라는 쿠바를 상대로 금메달 문턱까지 갔던 우리나라는 그야말로 절체절명의 위기에 빠졌습니다. 게다가 볼 판정에 이의를 제기한 포수 강민호 선수의 퇴장으로 분위기는 완전히 쿠바로 넘어갔습니다. 쿠바 덕아웃은 역전을 확신하는 모습이었습니다.

3대2, 9회 말 원아웃 만루….

외야 플라이 하나면 동점에다 위기는 계속되고 안타를 맞으면 순식간에 메달의 색깔이 바뀌게 되는 절체절명의 순간, 한국 더그아웃에는 목젖을 죄어 오듯 타 들어가는 긴장과 초조와 불안이 짙게 드리워져 있었습니다. 한국 벤치는 류현진 선수에게 끝까지 맡길 것인지 투수를 교체할 것인지 선택의 기로에 섰습니다. 대표 팀은 결국 투수를 교체하기로 하였고 정대현 선수가 역전의 위기를 막아야 할 구원투수로 마운드에 섰습니다.

3대2 9회 말 원아웃 만루….

이 피를 말리는 상황에서 소방수로 등장한 정대현의 뚝 떨어지는 공에 쿠바 선수는 배트를 돌렸고 타구는 유격수 정면으로 가면서 병살 수비로 마무리, 대한민국이 극적으로 금메달을 획득하게 됩니다.

2구째가 완전 실투였는데 안치길래 잡을 수 있다고 생각했다.
- 경기 후 정대현 선수 인터뷰 中

정대현 투수가 던진 두 번째 공은 다시 보고 누가 보아도 밋밋하게 가운데로 들어오는 타자 입장에서는 절대 놓치지 말아야 할 공이었습니다. 쿠바 선수가 배트를 휘둘러야 할 결정적 타이밍이었던 것입니다. 기회는 매번 있는 것이 아닙니다. 타이밍을 놓친 쿠바 타자는 투스트라이크 노볼에 몰리게 됩니다. 불리한 볼 카운트에 몰린 쿠바 타자는 정대현 선수의 변화구에 그대로 말려들었습니다. 정대현 투수의 실투를 놓친 것이 타자 앞에서 살짝 떨어지는 유인구에 타이밍을 뺏기는 원인이 되었고 세계 최강이자 가장 강력한 우승 후보였던 쿠바는 야구 변방의 코리아에게 금메달을 내주며 분루를 삼켜야만 했습니다. 그런데 만약에 우리나라가 그 타이밍에 투수를 교체하지 않았다면 어떻게 되었을까? 한 수만 빠르거나 한 수만 늦었어도 게임의 결과는 정반대로 끝났을지도 모릅니다. 또한, 쿠바 타자가 타이밍을 놓치지 않고 정대현의 실투를 받아쳤다면 어떻게 되었을까? 결과적으로 성공적인 투수 교체 타이밍은 신의 한 수가 되었으며 타자의 타이밍을 뺏는 언더핸드 특유의 타자 앞에서 뚝 떨어지는 변화구는 극적인 승리를 가져오는 결정구가 되었습니다. 한 편의 극적인 드라마와 같은 북경 올림픽 야구 결승전에는 이변의 주인공과 희생양의 교집합에 익사이팅하고 절묘한 타이밍의 교훈이 선명하게 새겨져 있습니다.

타이밍! 타이밍을 아는 지혜가 성공을 위한 가장 효과적이고 실질적인 분별력입니다.

안 되는 걸 도전하려는 게 너무 슬펐다

오래전부터 친구들끼리 명절 때면 모여 하는 게 있었습니다. 요즘 같으면 다양한 게임을 즐겼겠지만 우리 시대에 실내에서 하는 놀이는 많지 않았습니다. 먹고 마시고 그다음 수순은 역시 다들 손꼽아 기다리는 고스톱이었습니다. 운칠기삼이라 했던가? 이 말이 무색하게 순간순간 돌아가는 머리와 계산이 남다른 친구 Y가 있는데 이리저리 머리 굴리는 것을 옆에서 보면 참으로 기발하고 영리하지 않을 수 없습니다. 그런데 게임을 마무리할 때면 Y가 승자가 되는 경우는 거의 없었습니다. 제가 곰곰이 들여다보니 Y가 빈번하게 저지르는 실수가 Go해야 할 때 Stop하고, Stop해야 할 때 Go를 외치는 것이었습니다. 한 마디로 Go할 때와 Stop할 때의 타이밍을 놓치는 것입니다. 고스톱에서 운칠기삼의 '기'란 바로 타이밍을 잡는 기술이라는 것을 그 친구를 통해서 알게 되었습니다.

안 되는 걸 도전하려는 게 너무 슬펐다.

- 2010년 밴쿠버 동계 올림픽 후 이규혁 인터뷰 中

2000년 전후에 한국을 대표하는 세계적인 스피드스케이팅 스프린터 이규혁 선수는 1994년 16세에 릴레함메르 동계올림픽에서 첫 태극마크를 달고 출전합니다. 이후 성장을 거듭하면서 동계아시안 게임에서 금메달 4개, 세계선수권에서 통산 5개의 금메달을 획득함으로써 언제든지 금메달을 다툴 수 있는 우승 후보로 세계적인 명성을 얻었습니다.

특히, 1998년 나가노 올림픽 직전 이규혁이 1,000미터 세계신기록을 세우자 해외 언론은 이 선수를 유력한 올림픽 금메달 후보로 조명하였습니다. 하지만 이규혁은 당시 컨디션 조절에 실패하면서 메달권에 들지 못했고 20세 청년의 올림픽 메달의 꿈은 허무하게 끝나고 말았습니다. 그렇다고 그냥 물러설 이규혁은 아니었습니다. 2002년에는 솔트레이크시티 올림픽 직전 1,500미터에서 자신의 생애 두 번째 세계신기록을 경신하는 기염을 토했습니다. 당시 이규혁은 부족했던 경험을 보완했고 20대 중반의 젊음과 절정의 기량을 갖춰 올림픽 금메달은 시간문제로 기대를 모았습니다. 하지만, 금메달은 고사하고 또다시 입상권에 들지도 못했습니다. 절치부심 4년 후 다시 도전한 올림픽에서는 0.05초차로 4위에 머물러 다시 한 번 올림픽 메달과 인연을 맺지 못했고 이후에도 두 번의 올림픽에 거듭 출전했지만 이미 전성기가 한참 지난 뒤였습니다. 밴쿠버 올림픽 후 "안 되는 걸 도전하려는 게 너무 슬펐다"라는 그의 탄식은 도전에 대한 관념을 다시 생각하게 할 만큼 대한민국 사회에 묵직한 화두를 남겼습니다. 이규혁은 국가대표 23년 동안 국제 대회에서 17개의 메달을 획득했고 그

중 9개의 금메달과 세계신기록을 2차례나 경신했지만 여섯 번의 올림픽 도전에도 불구하고 끝내 올림픽만큼은 노메달로 선수생활을 마무리했습니다.

이규혁 선수는 한창일 때 스스로 '날라리'였다고 합니다. 첫 세계신기록을 세웠을 때 훈련보다는 사람들을 만나고, 술 마시고, 인터뷰하는 것에 더 관심이 많았다고 고백합니다. 결국 올림픽 무관에 그친 챔피언의 아쉬움 가득한 회한은 "그때 더 연습했어야 했다"입니다. 결코 되돌릴 수 없는 준엄한 그때는 고장 난 시계처럼 말이 없습니다. 이규혁 선수는 금메달을 획득할 수 있는 가장 적절한 타이밍을 놓쳤고 그로 인해 안 되는 걸 알면서도 도전해야 하는 수렁에 빠지고 말았습니다.

누구 말대로 올림픽 출전 자체가 영광이긴 합니다. 그렇지만 최선을 다하는 올림픽 정신과 끊임없는 도전 정신에 대한 찬가는 유독 이규혁 앞에서만큼은 왠지 공허한 메아리가 되어 갈 곳을 모르고 여기저기 나뒹구는 낙엽과도 같습니다. 타이밍! 바람 같고 호랑이 같던 전설의 스프린터 스케이트화에 영원히 녹슬지 않고 새겨져 있는 성공을 위한 교훈입니다.

모든 스포츠에서 얻는 득점의 방식에는 타이밍이 개입되어 있습니다. 축구에서 패스와 슛의 타이밍이 맞지 않으면 득점은 이루어지지 않습니다. 야구는 그 자체가 타이밍의 싸움입니다. 타자의 타이밍을 뺏으려는 투수와 정확한 배팅 타이밍을 잡으려는 타자의 수 싸움이

야구의 본질입니다. 그래서 혹자는 야구를 타이밍의 미학이라 부릅니다. 배구의 공격과 수비는 바로 스파이크와 블로킹, 이 또한 타이밍이 생명입니다. 농구는 정해진 공격 제한 시간 내에 슛을 쏘아야만 합니다. 그 외 기록경기는 그 자체가 타이밍의 승부입니다. 이처럼 우리 인생의 축소판과 같은 스포츠에서 완벽하고도 완고할 정도로 자리 잡고 있는 핵심이 바로 타이밍입니다.

그런데 타이밍은 딱 그때 그 순간만을 의미하지는 않습니다. 득점의 순간에 이르기까지는 패스나 연결 동작처럼 계속해서 진행되는 과정이 있습니다. "지금이 항상 최고의 적기다"라는 말처럼 최적의 타이밍이란 매 순간의 노력과 최선이 쌓이고 쌓여 마침내 정체를 드러내는 금맥과도 같습니다.

한때 안방에 훈훈함을 불어 넣었던 드라마 '응답하라1988'은 그 시절 이웃 간의 따뜻한 정서와 주인공들의 러브라인이 추억을 소환했던 드라마입니다. 특히, 동네 소꿉친구 '덕선 혜리'을 향한 '정환 류준열 '과 '택 박보검 '이의 감정선에 시청자들이 함께 녹아들고 동화되어 더욱 흥미로웠습니다.

늘 고백을 주저하던 정환이가 마침내 성인이 되어 자신이 진심으로 덕선이를 사랑하고 있다는 마음의 소리를 듣게 됩니다. 정환이는 영화를 보다가 뛰쳐나갑니다. 그리고 덕선이를 향해 차를 몰고 갑니다. 마음은 급한데 왜 이렇게 신호에 자주 걸리는지…. 정환은 오랫동안 가슴에 묻어두었던 자신의 감정과 연정을 오늘은 꼭 고백하려 합니다. 마침내 정환이가 덕선이 있는 곳에 도착한 순간 덕선 앞에 먼저 와 있는 절친 택이를 발견합니다. 또다시 돌아서야만 하는 정환은 그녀에 대한 자신의 마음을 영원히 묻어둡니다. 하염없이 비는 내리고 운전대를 치며 한 여자에 대한 사랑의 마음을 접어야 하는 젊은 청춘의 나레이션이 이어집니다.

운명의 또 다른 이름은 타이밍이다.

만일 오늘 그 망할 신호등에 한 번도 걸리지 않았다면

그 빌어먹을 빨간 신호등이 나를 한 번이라도 도와줬다면

난 지금 운명처럼 그녀 앞에 서 있을지 모른다.

내 첫사랑은 늘 그 거지 같은 타이밍에 발목 잡혔다. 그 빌어먹을 타이밍에….

그러나 운명은 그리고 타이밍은 그저 찾아 드는 우연이 아니다.

간절함을 향한 숱한 선택들이 만들어 내는 기적 같은 순간이다.

주저 없는 포기와 망설임 없는 결정들이 타이밍을 만든다.

그 녀석이 더 간절했고 난 더 용기를 냈어야 했다.

IQ — INSIGHT QUESTION

당신은 적절한 타이밍의 여부를 무엇에 근거하여 판단합니까?
또한 타이밍을 맞추는 당신만의 노하우는 무엇입니까?

실행
ACT

안전지대를 뛰쳐나온 위대한 용기

어릴 때부터 타고난 운동신경으로 주목받던 소녀는 고등학교에 진학하면서부터 다른 운동은 그만두고 골프에 전념했습니다. 말이 필요 없는 운동이어서 좋았다는 게 이유였습니다. 학창 시절 대회에 나가서는 일부러 2등을 하곤 했습니다. 1등은 인터뷰를 해야 하기 때문입니다. 프로에 데뷔한 그녀는 1990년대부터 2000년대까지 세계 골프계의 강자로 군림했고 통산 LPGA 5승, 유럽투어를 16회나 제패하는 훌륭한 기록을 남겼습니다. 스웨덴 출신의 유럽을 대표하는 골퍼 '소피 구스타프손'입니다. 하지만 우승 후에는 언제나 말없이 사라졌고 기자들을 피해 다녔습니다. 심각한 말더듬 장애를 가진 그녀는 수차례 우승을 차지하고도 인터뷰는 늘 다른 사람을 대신 세웠습니다.

그런 그녀가 2011년 프로 데뷔 후 19년 만에 처음으로 인터뷰를 가졌습니다. 선수 생활 중 조금씩 마음 한구석에 쌓여가는 생각을 마침내 행동으로 옮긴 것입니다. 구스타프손은 사전에 기자도, 카메라맨도 아무도 없는 어두운 방에 카메라 한 대만 놓아 달라고 부탁했습니다. 인터뷰는 혼자 질문 9개가 적힌 종이를 손에 들고 질문을 하나씩 소리 내 읽은 뒤 그 질문에 답변하는 식으로 진행되었습니다.

"나는 소, 소피… 구스타프… 소, 소, 손입니다."

자기소개가 끝나자 사람들은 그녀가 지금까지 인터뷰를 기피해온 이유를 실감하기 시작했습니다. 한 문장을 끝내기조차 너무나 힘겨워 보였기 때문입니다. 구스타프손은 고개를 떨구었고 얼굴엔 언제 울어 버릴지 모르는 안쓰러운 표정이 역력했습니다. 한참 만에 고개를 들고 카메라를 바라본 그녀는 겨우 또 한 문장을 이어갔습니다. 그녀의 고독하고 안쓰러운 셀프 인터뷰는 70분 내내 이어졌고 방송에 내보내기 곤란한 부분을 드러내고 편집한 약 3분 30초 분량이 전파를 탔습니다. 골프계는 물론 각종 언론이 마치 오랫동안 갇혀 있던 껍질을 스스로 깨부수고 나온 듯 한 그녀의 과감한 행동을 조명했고, 동일한 중증 장애를 가진 이들은 구스타프손의 용기에 큰 영감을 얻었습니다. 한 언론은 "세상과 가장 잘 소통하는 선수 같다"고 평하면서 그동안 소통하지 않은 그녀가 심금을 울린 인터뷰를 통해 세상과 소통의 접점을 만들었다 며 아낌없는 찬사를 보냈습니다.

안전지대 밖으로 나가 보고 싶었어요.

그래서 내가 먼저 방송국에 인터뷰를 요청했어요.

무척 힘든 일이지만 내가 얼마나 재미있는 사람인지 보여주고 싶었어요.

- 소피 구스타프손 인터뷰 中

저는 그녀의 인터뷰를 보면서 눈에 보이는 아름다움과는 비교가 안 되는 진정한 아름다움이 무엇인지 느낄 수 있었습니다. 그녀가 더듬는 행간의 공백엔 안전지대를 벗어나려는 용기로 넘쳐났고 편집돼 잘려 나간 대부분의 인터뷰 시간은 한마디 하기도 벅찬 그녀에 대한 연민이 아니라 스스로 가두어 놓은 틀을 깨려 몸부림치는 의지의 향연으로 가득했습니다. 그리고 그 의지가 세상에 발현되는 통로에는 생각을 행동으로 옮긴 용기 있는 실행 열차가 이제 막 주행을 끝내고 플랫폼에 들어오는 것 같았습니다.

하루하루가 살얼음 같던 시절 어느 날 오후 팀장님이 회의실에서 부른다는 전갈을 받았습니다. 회의실에 갔더니 L대리도 와 있었습니다. 팀장님은 조심스레 만들어 놓은 사다리를 내밀면서 둘 중에 누가 K공장으로 갈지 정하라고 하였습니다. 당시 IMF 외환 위기로 인해 회사는 부도가 났고, 회생을 위해 어쩔 수 없이 알토란같은 공장 두 곳을 매각해야 했습니다. 문제는 본사 공통인원 중 일부가 매각 공장으로 가야 하는데 하나같이 "나는 갈 수 없다"였습니다. 팀장님은 팀원들과 여러 차례 면담을 시도했지만 어느 누구도 자원하거나 수용하는 팀원이 없자 궁여지책으로 사다리라는 나름의 초강수? 를 꺼내든 것입니다. 암담하고 무기력했던 IMF 시절 해프닝이라고 얘기하기엔 너무나 씁쓸했던 우리 모두의 자화상이었습니다.

그런데 아이러니하게도 그 시절 본사에 남은 대부분의 직원들은 지금은 회사를 그만둔 반면에 매각 공장으로 간 동료들은 새로운 곳에서 터를 잡고 아직도 재직 중인 경우가 대다수입니다.

회사는 어려운 시기를 극복하자 이전보다 더 좋은 회사로 거듭 발전해 갔습니다. 그러던 중 지방 공장 인력은 본사로 올라오고, 본사 직원은 공장으로 내려가는 대이동이 있었습니다. 소위 PI Process Innovation 의 일환으로 조직과 인력을 통합하면서 불가피한 일이었습니다. 직원들의 불만은 상당했고 그 누구도 반기지 않았습니다. 그 기저에는 편안하고 익숙한 일상에 대한 관성과 안전지대를 벗어나는 데 따른 두려움이 있었습니다. 하지만, 조직 생활 중 업무의 전환, 부서의 이동 그리고 어쩔 수 없는 지방 근무는 너무나 자연스러운 일입니다. 흔히 일당백을 하는 팀원이 나가더라도 조직은 돌아간다는 게 정설입니다. 그런데 스포츠인사이터가 조직 생활을 할 때 "회사를 옮기는 것보다 부서를 옮기는 게 더 힘들다"는 하소연이 너무나 많았습니다. 팀원의 성장을 위해 함께 고민해야 할 팀장들이 당장의 불편함과 업무 공백의 두려움 때문에 팀원의 부서 이전을 반대하기 때문입니다. 속 좁은 리더들의 이기적인 모습이 아닐 수 없습니다.

안전지대를 벗어나 도전지대로 향하는 용기는 성공을 찾는 나침반과 같습니다. 용기란 두려움을 모르고 앞으로 나아가는 극강의 얼굴이 아니라 두려움에도 불구하고 기꺼이 앞으로 나아가는 결의에 찬 전사의 얼굴입니다. 두려움 없이 진격하는 모습은 참으로 경이롭지만 두려움을 이겨내고 기꺼이 앞으로 나아가는 모습은 경이를 뛰어넘는 아름다운 연주와도 같습니다. 실행하지 않고서는 그 무엇도 얻을 수 없다는 것을 뻔히 알면서도 주저하는 것은 실패에 대한 두려움과 순간의 달콤한 유혹을 끊어내지 못하기 때문입니다. 따라서 행동은 용기를 담보로 합니다. 행동한다는 것은 곧 용기를 내는 것입니다.

나의 생각과 다짐은 행동이 아닙니다. 나의 말과 계획도 행동이 아닙니다. 관중석에서는 결코 경기에 참여할 수 없습니다. 민망한 다짐들의 뒤태에 새겨진 성공의 진실이 시계추처럼 왔다 갔다 하면서 내뱉는 불후의 말씀이란……

No courage, no action !

No action, no gain !

당신의 실행력을 한 단어(또는 한 마디)로 표현한다면
뭐라고 하시겠습니까?

영웅계의 피라미드 맨 꼭대기에 있는 선수

지난 수년간 전 세계 영웅의 계보를 이어 온 극강의 마블 캐릭터들이 어지러울 정도로 많습니다. 게다가 시대에 맞는 신생 영웅은 끊임없이 탄생하고 있으니 가히 인간은 어쩔 수 없이 가상의 영웅이 뿜어내는 불가능한 능력과 마주하는 시대에 살고 있습니다. 스포츠에서도 수많은 영웅이 탄생합니다. 물론 이들은 지극히 현실적입니다. 인간의 한계를 뛰어넘는 위대한 기록을 남기지만 그렇다고 넘볼 수 없는 마블의 캐릭터까지는 아닙니다. 그런데 인간계에서 별중의 별 중 가장 빛나는 선수라고 표현하는데도 한참 모자라는 느낌이 들 정도로 영웅 계의 피라미드 맨 꼭대기에 있는 마블의 선수가 있습니다. 지구별이 아닌 외계에서 오지 않고서야 어찌 그런 기록을 남길 수 있단 말입니까? 그는 바로 120년이 넘는 올림픽 역사상 가장 위대한 선수이며 마치 물고기 같다고 해서 펠피쉬라 불리는 '마이클 펠프스' 입니다.

올림픽에서 그가 획득한 금메달이 23개입니다. 고대 올림픽까지 포함해서 가장 많은 금메달을 딴 선수입니다. 2016년 리우 올림픽 출전 206개국 중 170개 국가보다 더 많은 금메달을 획득한 그야말로 독보적인 선수입니다. 특히 개인 혼영 200미터에서는 수영 역사상 최초로 올림픽 4연패의 위업을 달성하기도 했습니다.

혹자는 193센티의 신장에 320밀리의 왕발과 양팔 길이가 2미터를 넘는 타고난 그의 신체를 두고 신이 아예 작정하고 수영에 최적화된 조건을 골라 창조한 것 같다고 합니다. 확실히 펠프스는 수영에 유리한 하드웨어를 타고났습니다. 하지만 그러한 장점이 펠프스만이 가지는 장점은 아닙니다. 서양 사람들의 신체 구조상 펠프스에 버금가는 조건을 가진 선수들은 부지기수입니다. 펠프스를 이해하기 위해 우리가 먼저 주목해야 할 것은 그가 신으로부터 자연스럽게 얻은 타고난 신체 조건에 있지 않습니다. 가히 그 누구도 따라올 수 없는 엄청난 훈련량에 있습니다.

> 1년 365일 매일 훈련을 했어요.
>
> 그렇게 5년 동안 한 번도 쉬지 않았습니다.
>
> 전 정말 열심히 했습니다.
>
> *- 마이클 펠프스, 북경올림픽 전 인터뷰 中*

한 때 유행처럼 회자된 1만 시간의 법칙을 떠올려 봅니다. 1993년 미국 콜로라도 대학교의 심리학 교수인 '앤더슨 에릭슨'이 처음으로 제시한 개념이지만 작가 '말콤 글래드웰'이 그의 저서 '아웃라이어'에 인용하면서 대중화된 이론입니다. 하루 3시간씩 10년 동안 꾸준히 1만 시간의 실행이 함께할 때 최고의 반열에 오른다는 무지막지하면서도 부정할 수 없는 성공의 법칙입니다. 1만 시간의 요체는 들쭉날쭉 하는 실행이 아니라 꾸준하고 지속적인 행동을 의미합니다. 그 누구라도 이러한 1만 시간의 실행이 담보되면 원하는 성취를 이룰 수 있다는 것입니다. 펠프스는 1만 시간의 법칙을 5년 만에 이룬 것으로 보입니다. 북경 올림픽 전에 EBS에서 이러한 그의 연습 과정을 방영한 적이 있습니다. 그 때 본 펠프스에게 전율을 느꼈던 기억이 지금도 생생합니다. 펠프스의 독보적인 실력을 대변하는 전매특허 기술이 오랜 잠영과 돌핀킥입니다. 다른 선수보다 훨씬 더 오래 더 깊이 물속에 잠영하는 것은 물에서 튀어나올 때 더 큰 힘으로 치고 나가기 위해서지만 이는 상대적으로 체력 저하를 불러올 위험성이 있습니다. 파워풀한 돌핀킥 또한 결국 체력이 관건입니다. 이를 위해 8킬로그램의 납덩이를 메고 물 안에서 떠 있기도 하고 바닥을 치고 돌고래처럼 튀어 오르는 연습이 하루에도 수십 번 반복되었고 또 그 과정은 매일 변함이 없었습니다. 아니나 다를까 펠프스는 북경올림픽에서 전무후무한 올림픽 8관왕을 이루어 냈습니다. 펠프스가 인류가 아니라 어류라는 말을 듣기까지는 특별한 비결이 있었던 게 아니라 혹독한 훈련을 꾸준히 실행했기에 가능했습니다. 누구나 할 수 있는 것을 누구도 할 수 없을 만큼 매진한 인고의 열매였던 것입니다.

많은 사람이 성공을 원하지만, 그 많은 사람의 대다수가 성공하지 못하는 게 현실입니다. 무엇이 문제일까? 꿈이나 비전이 없어도 열심히 하다 보면 어느새 놀라운 성과를 이루기도 합니다. 전략이 없어도 하다 보면 과정 중에 떠오르는 생각이 다름 아닌 방향이고 전략이 됩니다. 하지만, 행동하지 않으면 어찌할 방법이 없습니다. 원하는 그 무엇을 성취하지 못한 가장 큰 이유를 되짚어 보면 결국 빈약하고 부족한 실행력에 수렴되는 경우가 대부분입니다. 더 많은 행동을 하면 할수록 더 많은 일이 일어납니다. 이 단순하고도 엄연한 실행의 파괴력은 예외 없이 누구에게나 적용됩니다.

그렇다면 1만 시간의 행동과 실행은 비단 펠프스만이 해내는 것일까? 아마도 올림픽에 나서는 거의 모든 선수가 1만 시간 이상 열심히 땀 흘렸을 것입니다. 하지만, 그중에 메달을 따는 선수는 딱 세 선수뿐입니다. 1만 시간을 연습해도 많은 선수들이 고배를 들게 됩니다. 분명 1만 시간의 노력은 훈장처럼 자부심을 가질 만한 장구한 시간이지만 반드시 그에 따르는 영광이 보장되는 것은 아닙니다. 그것이 승부의 세계이고 성취의 디자인입니다. 아마도 고수들 간의 경합을 다투는 최고의 무대에서는 1만 시간의 양적 싸움이 아니라 그 1만 시간 동안 얼마나 질적으로 몰입해서 연습했는지의 차이가 승부를 가르는 분수령은 아닌지 생각해봅니다.

NFL의 전설적인 감독으로 추앙받는 '빈스 롬바르디'가 연습에 대해 이르기를

연습이 완벽함을 만들지는 않습니다.

오직 완벽한 연습만이 완벽함을 만듭니다.

그 누가 말했나요? 연습은 실전처럼, 실전은 연습처럼….

실행이 핵심이되 보다 완벽한 실행이 보다 완전한 성과를 만듭니다.

IQ ── INSIGHT QUESTION

당신이 무언가를 위해 꾸준히 실행하고 있는 것은 무엇입니까?
떠오르는 것이 없다면 지금 어떤 것을 실천해 보고 싶습니까?

끌날 때까지 끝난 게 아니다
IT AIN'T OVER
TILL IT'S OVER

1초 사이에 경험한 천당과 지옥

군대를 제대하니 그렇게 기쁠 수가 없었습니다. 하지만 그 기쁨은 오래가지 않았고 금세 걱정으로 바뀌었습니다. 문제는 할 일이 없었고 뭘 해야 할지 막막했습니다. 고민 끝에 다시 한 번 대학 입시에 도전하기로 마음먹었습니다. 만만치 않은 시간들이었지만 지치고 힘들 때마다 수없이 되뇌며 의지를 다잡는 한마디가 있었습니다.

우리의 최대의 영광은 한 번도 실패하지 않는 것이 아니라
쓰러질 때마다 일어서는 것이다.

- 골드스미스

아마도 제 삶에 가장 영향력을 끼친 명언이 아닌가 싶습니다. 이처럼 보다 높은 차원의 삶을 살다 간 위인들의 말씀은 시대를 막론하고 누군가의 길잡이가 됩니다. 스포츠 스타 또한 예외가 아닙니다. 승리를 위해 인내하며 지독한 경쟁을 뚫고 영광의 순간을 맞이하는 데서 느끼는 통찰은 많은 사람들에게 영감을 줍니다. 만약에 "스포츠 스타들이 남긴 어록 중 가장 먼저 떠오르는 것이 있다면 무엇입니까?"라고 질문을 받는다면 무엇을 얘기하시겠습니까? 단언컨대 제가 접한 최고의 어록은 바

로 불세출의 복서 무하마드 알리의 "나비처럼 날아서 벌처럼 쏜다" 입니다. 자신의 기량과 자신감을 어찌 이리 우아하게 표현했는지 사나운 사각의 정글에서 벌어지는 가장 원시적인 격투기를 슬그머니 하나의 미학으로 승화시킨 불멸의 한 마디입니다. 알리의 어록이 가장 예술적이라면 승부의 세계에서 가장 묵직한 한 마디가 있습니다. 무엇일까요?

2018년 자카르타 아시안 게임 여자 57Kg급 태권도 결승전. 수려한 용모를 지닌 소위 태권도의 대세라는 이아름 선수가 지난 대회에 이어 2연패 도전에 나섰습니다. 예상대로 세계대회 우승자이자 MVP 출신인 이아름 선수는 출중한 기량을 선보이며 결승에 오릅니다. 결승전은 말 그대로 팽팽한 공방전이었습니다. 2라운드까지 2대4로 끌려가자 설마 하는 불안이 점점 현실로 다가왔습니다. 하지만 이아름은 달랐고 역시 디펜딩 챔피언다웠습니다. 침착하게 기회를 엿보며 마지막 라운드에서 4대4 동점을 만들더니 종료 직전 번개 같은 주먹으로 상대방을 강타, 1점을 획득, 승리를 확신한 그녀는 오른손을 번쩍 들어 올리며 함성을 질렀습니다. 바로 그때 더욱더 번개 같은 중국 선수의 앞차기가 이아름 선수의 가슴을 파고 들었습니다. 이 선수는 마지막 일격을 허용하여 2실점, 5대6으로 패하면서 허무하게 금메달을 넘겨주고 말았습니다. 승리를 확신한 방심의 세레모니와 예상 밖 역전의 발차기는 모두 불과 1초 만에 벌어진 순식간의 일이었습니다. 마지막 1초에서 이아름 선수는 이전의 이아름과 달랐고 챔피언답지 않았습니다. 이아름 선수에게는 두고두고 아쉬울 수밖에 없는 통한의 게임으로 남게 되었고 은메달의 영광보다는 금메달을 놓친 가슴앓이를 피할 길이 없게 되었습니다.

스포츠인사이터는 경쟁과 승리의 DNA를 담은 수많은 명언 중 가장 으뜸을 뽑으라면 뉴욕 양키스의 전설적인 포수 '요기 베라'가 남긴 불멸의 말씀을 꼽겠습니다.

<u>It ain't over till it's over! (끝날 때까지 끝난 게 아니다)</u>

우리 인생사에서 끈기와 인내를 촉발하는 포기하지 않는 근성이 중요한 것은 끝날 때까지 끝난 게 아니기 때문입니다. 이아름 선수를 통해 다시금 떠올리는 경쟁의 무대에서 가져야 할 우리의 자세입니다. 그리고 이아름 선수에게 전하고 싶습니다. 끝날 때까지 끝난 게 아닙니다. 올림픽이 남았습니다. 도전의 무대는 계속됩니다. 날 선 그대의 오똑한 콧날처럼 다시금 예리한 발차기를 가다듬기 바랍니다. 더 큰 무대인 올림픽에서 금메달의 영광을 국민들과 함께하기 바랍니다.

끝날 때까지 끝난 게 아닙니다….

IQ ——— INSIGHT QUESTION

**"끝날 때까지 끝난 게 아니다."라는 말에서 떠오르는
당신의 생각이나 감정은 무엇입니까? 왜 그렇습니까?**

정규 시간 내내 팽팽한 접전이 계속됩니다. 끝내 승자를 가리지 못하고 승부는 연장으로 넘어갔습니다. 한국 여자 펜싱의 에이스 신아람 선수가 독일의 '하이데만' 선수를 맞아 눈부신 선전으로 스코어는 5:5, 남은 시간은 단 1초…. 1초만 버티면 프리오리테 우선권 를 가진 신아람 선수가 꿈에 그리던 올림픽 결승에 오르게 됩니다. 그런데, 그 순간부터 스포츠 역사상 가장 불공평한 1초가 고무줄처럼 늘어나고 엿가락처럼 휘어지기 시작합니다. 신아람 선수가 다급해진 하이데만 선수의 세 차례 공격을 연거푸 방어했음에도 불구하고 어찌 된 일인지 시간은 그대로 1초에 머물러 있습니다. 항의를 해도 받아들여지지 않습니다. 결국, 마지막 공격을 허용한 신아람 선수는 통한의 눈물을 흘려야 했습니다. 비디오 판독 요구에 주최 측은 실수를 인정하면서도 판정의 번복은 허용하지 않았습니다.

> 1초가 그리 긴 줄은 몰랐다.
> 마지막 공격도 상당히 길었다.
>
> *- 신아람 선수*

울먹이는 신아람 선수의 억울함은 올림픽 사상 가장 논란을 일으킨 5대 판정 중 하나로 남게 되었습니다.

경기를 생중계한 한 국내 방송사에서 정밀하게 시간을 측정해 본 결과 1.56초의 시간이 소요되었습니다. 저도 이 경기를 생중계로 지켜보았지만 측정해 볼 필요도 없을 만큼 명백한 오심이라는 것을 누구나 알 수 있는 상황이었습니다. 참으로 분하고 억울하지만 안타깝게도 오심에 대한 항의로 판정이 번복되는 경기를 스포츠인사이터는 지금까지 올림픽에서 본 적이 없습니다. 한 번 내려진 판정을 뒤집을 수 없다는 이유는 가장 궁색하고도 원시적인 이유지만 어느 종목, 어느 시대를 막론하고 통용되는 가장 강력한 이유입니다 2016년 축구에 VAR이 도입되어 판정이 뒤바뀌는 경우를 요즘은 흔하게 보고 있습니다.

그런데 우리의 신아람 선수는 도대체 왜 안타까운 비운의 희생양이 되었을까? 만약 신아람 선수가 고무줄처럼 늘어난 그 마지막 1초를 잘 버티어 냈다면 어떻게 되었을까? 결국 궁극의 문제는 마지막 공격을 허용한 데서 비롯되었습니다. 매끄럽지 않은 과정이 있더라도 끝까지 점수를 주지 않았으면 문제 될 일이 없었습니다. 경기는 전광판의 시계가 제로가 되기 전에는 끝난 것이 아닙니다. 1초가 지났다고 항의할 일이 아니라 마지막 휘슬이 울릴 때까지 최선을 다해 전념했어야 합니다. 안타까운 신아람 선수에 묻혀 놓칠 수 있는 지혜와 진실은 바로 이것이라 믿습니다. 마지막 1초까지 포기하지 않고 맹렬히 공격하는 하이데만의 절실한 칼끝은 참으로 매섭고 위협적이었습니다. 설마

하는 불안이 그녀의 칼끝처럼 예리하게 파고 들었고 마침내 최후의 순간에 찌른 회심의 일타는 승부를 뒤집는 결정타가 되었습니다.

당시 경기의 시간을 재는 'Time keeper'는 심판이 아니라 15세의 자원봉사 소녀였다고 합니다. 이 소녀가 자원봉사에 나선 것은 나름 자국 올림픽 주최에 작은 보탬이 되려는 좋은 의도가 있었기 때문일 것입니다. 하지만, 책임을 묻기도 애매한 이 사춘기 소녀의 실수는 올림픽 최악의 오심을 낳았고 펜싱 역사상 가장 불합리한 판정으로 기록되는 불명예의 원인이 되었습니다. 또한, 공정한 경쟁이라는 스포츠 정신의 훼손은 물론 수년 동안 최선을 다해 준비해 온 한 선수의 노력과 인생을 한순간에 무너뜨렸습니다. 이렇게 하찮은 나의 실수가 때때로 누군가에게는 전혀 예상하지 못한 일격이 되기도 하는 게 우리 삶의 불편한 진실입니다. 갑자기 이 소녀가 궁금해집니다. 지금쯤 이 소녀는 당시의 오심을 어떻게 생각할까?

세상을 살다 보면 신아람 선수처럼 억울한 순간을 경험하기도 하고, 하이데만 선수처럼 누군가의 실수가 자신에게는 뜻밖의 행운으로 작동하기도 합니다. 억울하게 당하지 않으려면, 뜻밖의 행운을 잡으려면 마지막 순간까지 최선을 다하는 것이 먼저인가 봅니다. 끝날 때까지 끝난 게 아니기 때문입니다.

신아람을 꺾은 상대방 선수는
자신이 승리한 이유가 뭐라고 얘기할 것 같습니까?
만약 당신이 기자라면 이 경기의 촌평을 무어라 하시겠습니까?

CHAPTER
TWO

성장하는 삶

성장이란
내가 원하는 결과를 얻는 것입니다.
그것을 통해 내 삶의 질을 올리는 일입니다.

- 박지원 著 '성장로그인' 中

INSIGHT
& WISDOM

LEARNED
IN SPORTS

변화
CHANGE

스포츠의 세계에서 만고불변의 진리로 여겨지는 금언이 있습니다.

영원한 승자는 없다.

눈썰미가 있는 어느 누군가 만들어 낸 말이라기보다는 수없이 뜨고 지는 승패의 갈림길에서 자연스럽게 빚어진 말이 아닌가 싶습니다. 이를 증명이라도 하듯 승산 없는 싸움에서 기적 같은 승리를 거두는 경우가 있는가 하면 도저히 믿어지지 않는 충격적인 패배도 있습니다.

누군가 저에게 축구에서 가장 충격적인 패배로 기억되는 경기는 무엇입니까? 라고 묻는다면 스포츠인사이터는 2014년 월드컵 4강전을 떠올립니다. 축구의 나라 브라질과 전차군단 독일이 4강에서 사실상 결승전을 치르게 되었습니다. 당초 박빙의 승부가 예상되었습니다. 하지만 막상 뚜껑을 열어보니 전차군단의 융단 폭격에 브라질은 영혼까지 강탈당하는 수치스러운 패배를 기록합니다. 무려 1대7의 참패를 당한 것입니다. 승부의 세계에서 패배할 수도 있지만 어떻게 지는 지도 매우 중요한데 이날 브라질은 우리가 알고 있는 브라질이 아니었습니다. 그야말로 속수무책, 브라질 국민들에게는 제대로 힘 한번 못써보고 당한 국치로 기억될 패배였습니다. 브라질이 어떤 나라입니까? 월드컵 우승을 무려 5회나 차지한 지구상의 유일한 나라이자 영원한 우승 후보입니다. 게다가 브라질은 당시 1975년 이후 무려 62게임 연속 안방 무패의 기록을 써가고 있었습니다. 자국에서 벌어지는 월드컵을 안으려는 국민적인 열망은 광기에 가까운 응원으로 모아졌지만 결국 침묵과 오열과 비통한 눈물이 마치 아비규환처럼 나라 전체를 삼켜 버렸습니다.

그런데 브라질의 참패에 가려져서 그렇지 스페인의 예선 탈락 또한 예상 밖의 일이었습니다. 브라질의 패배 이전까지 대회의 가장 큰 이슈는 스페인의 몰락이었습니다. 스페인은 또 어떤 나라입니까? '티키타카' 라는 새로운 축구의 트렌드를 창조하여 직전 월드컵을 제패했고 유로 대회를 2연패 하면서 수년째 FIFA 랭킹 1위를 지켜온 명실상부한 챔피언이었습니다. 2014년 월드컵의 가장 강력한 우승 후보로서 도박사들이 가장 베팅을 많이 한 나라가 바로 스페인입니다. 하지만, 스페인은 단 1승도 거두지 못하고 출전국 중 예선 탈락이 가장 먼저 확정되면서 가장 먼저 짐을 싸야만 했습니다.

그 스페인을 5대1로 격파한 나라가 토탈사커의 원조 네덜란드였습니다. 하지만 영원한 4강 후보라는 네덜란드는 지역 예선을 통과하지 못하면서 2018년 월드컵에는 아예 출전조차 하지 못합니다. 놀랍고도 슬픈 것은 네덜란드는 그렇다 치고 이탈리아조차 궤도를 이탈한 것입니다. 이탈리아는 또 어떤 나라입니까? 빗장 수비의 원조이자 아주리 군단으로 불리면서 월드컵을 네 번이나 제패한 축구 최강국의 하나로서 단골 우승 후보국으로 손색이 없는 나라입니다. 그런 이탈리아가 60년 만에 지역 예선의 벽을 넘지 못하고 2018년 러시아 월드컵에 초대조차 받지 못하게 된 것입니다. 전 세계 축구 팬들에겐 참으로 안타깝고도 슬픈 뉴스가 아닐 수 없었습니다.

하지만 2018년 러시아 월드컵의 이변의 주인공은 따로 있었습니다. 세계 최강이자 가장 강력한 우승 후보였던 독일이 무너졌습니다. 축구에 있어 독일은 또 어떤 나라입니까? 독일은 월드컵 4회 우승국이며 지난 11년 동안 모든 메이저 대회에서 4강에 오른 유일한 국가로서 월드컵 2연패가 유력한 팀으로 평가받고 있었습니다. 그런 독일을 집으로 돌려보낸 나라가 바로 같은 조에 속한 모든 나라가 1승의 제물로 삼았던 최약체 코리아였습니다. 독일은 대한민국에 그 누구도 예상하지 못한 패배를 당함으로써 독일 역사상 최초로 조별리그 탈락이라는 쓴맛을 보았고 아시아 팀에 패배한 최초의 디펜딩 챔피언이라는 불명예를 안게 되었습니다.

도대체 마치 무슨 하나의 현상처럼 돌아가면서 이변의 희생양으로 무너지는 강팀들의 '예상 밖 몰락 증후군'을 어떻게 설명해야 할까? 정상에 오르는 것도 힘들지만 정상의 자리를 유지하는 것은 더더욱 어려운 일인가 봅니다. 정상에 서는 순간 경쟁자에게 완전히 노출되고 거듭되는 도전에 맞서야 하기 때문입니다. 그래서 숙명처럼 언젠가 내려와야 하는 정상의 자리에 얼마나 오래 머무는지가 진정한 경쟁력을 가늠하는 척도입니다. 영광을 안겨 준 한때의 승리 공식이 앞으로도 계속 유효할 것이라는 믿음은 어쩌면 가장 위험한 확신인지 모릅니다. 열심히 노력하고 최선을 다함에도 불구하고 도전의 방식과 수성의 방식이 같다면 멀지 않아 차디찬 현실에 직면하게 될 가능성이 매우 높습니다. 경영학의 구루인 '탐 피터스'는 성공한 모든 기업들에게 "차라리 치매에 걸리라"고 일갈합니다. 과거의 성공방식을 잊어버리라는 것입니다. 성취를 가져온 지난날의 성공방식이 앞으로의 성공을 담보하지 않으므로 끊임없이 더 좋은 변화를 추구하라는 조언이자 경고입니다. 끊임없이 더 좋은 변화에 대한 열망과 실제 변화가 함께 할 때 정상에서 오랫동안 머무를 수 있으며 더 큰 도약을 예비할 수 있습니다. 그래서 스포츠인사이터는 성공과 성장의 모습을 이렇게 구분해 봅니다. 정상에 등극하는 것이 성공이라면, 정상에 오래 머무르는 것이 성장입니다.

저는 회사에 다닐 때 경영혁신 부서에서 변화관리 담당자를 하였습니다. 당시 우리 회사뿐만 아니라 세계적인 회사조차 하나같이 변화의 초점을 생존에 맞추었습니다. "변하지 않으면 망하거나 도태된다"는 논리로 조직원을 압박했고 직원들은 정체불명의 두려움을 가지고 마지못해 변화에 동참했습니다. 개인의 인생사 또한 다르지 않습니다. 수없이 많은 자기계발 서적과 동기부여 전문가들조차 괜한 위기의식과 두려움을 조장하여 변화해야 한다고 설득하였습니다. 사람들은 열심히 살고 있음에도 불구하고 변하지 않으면 마치 무슨 큰일이 일어나는 것처럼 불안에 떨어야 했습니다. 결국 자신의 의지와는 상관없이 변화의 파도에 이리저리 쓸려 다니다 점점 생기와 활력을 잃고 또 그만큼 삶의 질이 떨어지는 패턴이 일반화되었습니다.

우리는 세상의 주인이지 호구가 아닙니다. 이제 더 이상 미증유의 위기와 두려움에 속지 않기로 합니다. 그리고 성공을 위한 변화가 아니라 성장을 위한 변화에 초점을 맞추기로 합니다. 내가 내 삶의 주인공으로서 내면의 목소리에 주목하여 자발적인 의지로 변화를 도모할 때 성공을 넘어 더 큰 성장이 함께할 것입니다. 성장은 내가 원하는 결과를 얻는 것입니다. 그것을 통해 내 삶의 질을 올리는 일입니다.

두려움에 위축되어 마지못해 하는 변화가 아니라 자신의 삶을 스스로 창조해 가는 기쁨과 충만함이 가득한 변화…. 당신이 바로 변화의 주인공입니다.

**변화를 등한시하던 동료가 당신에게
변화에 대한 조언을 요청한다면 뭐라고 얘기하겠습니까?
그렇게 얘기하는 변화에 대한 당신의 신념은 무엇입니까?**

속도 혁명을 위한 변화의 몸부림

1958년 17세 청소년 펠레는 월드컵 우승의 견인차가 되면서 축구 황제의 등장을 알리게 됩니다. 하지만, 62년 월드컵에서 부상을 입고 두 경기 만에 하차하였고, 66년 월드컵에서는 상대방의 거친 백태클에 또다시 잔여 경기를 뛰지 못하게 되자 급기야 월드컵 보이콧을 선언했습니다. 당시 펠레는 '메시'와 '호날두'를 합성한 선수였습니다. 선수 전원이 막아도 막지 못한다는 과장이 과장으로 들리지 않는 아니 과장이어도 그냥 받아들일 수밖에 없는 선수였습니다. 펠레가 있는 한 브라질을 이기기 어려웠고 따라서 상대편 전술은 딱 하나 펠레를 경기장 밖으로 날리는 것이었습니다. 당시에는 경기 중인 선수가 도저히 뛸 수 없는 부상을 당해도 교체할 수 없었고 10명으로 계속해서 경기를 해야만 했습니다. 상대편의 야비한 전술은 이런 제도에서 비롯되었습니다. 거친 태클로 상대편 에이스에게 부상을 입혀 그라운드 밖으로 내보내고 수적 우위를 바탕으로 승리를 쟁취하는 방식입니다.

펠레의 보이콧 선언을 계기로 FIFA는 그동안 불합리하게 적용된 룰을 바꿔 선수 보호를 위한 제도를 도입했고 1970년 멕시코 월드컵부터 지금의 옐로카드와 레드카드 그리고 선수교체가 가능하도록 제도를 정비하였습니다. 이런 제도가 수립되자 펠레는 보이콧을 철회하고 출전해 자국에 3번째 월드컵 우승을 안기게 되면서 브라질은 월드컵 우승 트로피를 영구히 간직할 수 있게 되었습니다.

지금은 너무나 당연한 제도이지만 이 제도가 수립될 당시에는 혁명에 가까운 패러다임의 전환이었습니다. 그리고 시대와 환경이 바뀌고 이에 따른 인식의 변화에 맞춰 축구는 조금씩 발전적인 변화를 도모해 왔고 여전히 현재 진행형입니다.

빠름 빠름 빠름…. 한 통신사의 광고가 요즘 시대의 경쟁력을 명확하게 짚었습니다. 벌써 4G 이동통신 기술을 의미하는 LTE가 저물어가고 5G의 세상이 왔습니다. 예로부터 빠른 속도는 중요한 경쟁력 중 하나였지만 4차 산업혁명으로 대변되는 요즘 시대에는 분야를 막론하고 하나의 필수 불가결한 조건으로 간주되고 있습니다.

축구 경기 시간을 90분에서 60분으로 줄인다? 어떻게 생각하십니까? 세계 축구의 규칙을 제정하는 최종 결정권을 가진 기구 IFAB International Football Association Board 국제평의회 는 2017년 몇 가지 개선안을 발표하는데 그중에 가장 핵심적인 내용이 경기 시간의 단축이었습니다. 이런 배경에는 2014년 브라질 월드컵 경기 분석 결과 전후반 90분 중 실제 경기 평균 시간은 57.6분에 불과하다는 통계가 나왔기 때문입니다. 나머지 시간은 이른바 볼데드, 즉 선수가 부상을 핑계로 드러눕거나 공을 주우러 다니면서 허비한 시간이었습니다. 득점 후 골 세레머니, 선수를 교체할 때 지고 있는 팀 입장에서는 분통이 터질 정도로 느릿느릿 걸어 나가는 시간 등 이런저런 볼데드 시간을 제외하고 60분을 하게 되면 오히려 경기 시간이 늘어날 수도 있다는 게 IFAB의 주장입니다. 이러한 주장 이면에는 빠른 진행이라는 명확한 방향성이 있습니다. 앞으로는 꼴 보기 싫은 중동의 침대 축구를 보지 않을 가능성이 점점 커지고 있습니다.

2018년 12월 AP 기사 중 하나가 '관중 감소 걱정하는 메이저리그 선수들'이라는 기사였습니다. 관중 수가 역대 최고였던 2007년에 비하면 무려 1,000만 명 가깝게 줄어들었습니다. 이는 최근 15년 만에 가장 최소치의 기록이라고 합니다. 관중 수의 감소는 그만큼 야구 인기가 줄었기 때문인데 이는 야구 경기의 방식과 밀접한 관계가 있습니다. 미국의 중장년층은 여전히 야구를 사랑하지만, 젊은이들 사이에서는 다른 기류가 감지되고 있습니다. 이에 대한 다양한 원인이 있지만 빠른 속도를 선호하는 젊은 층에게 3시간 안팎의 장시간이 소요되는 야구의 매력이 상대적으로 떨어진다는 것이 가장 설득력 있어 보입니다. 지난 2013년 미국 월스트리트 저널이 스톱워치로 메이저리그 3경기를 실측해 보니 실제 플레잉 타임은 17분 58초에 불과했습니다. 고작 18분의 플레이를 보기 위해 소요되는 시간이 너무 많아 지루하다는 의견이 꾸준히 제기되어 왔고 야구 또한 축구와 마찬가지로 빠른 진행을 위해 갖가지 새로운 방식을 도입하고 있습니다. 메이저리그를 9회에서 7회로 단축하자는 의견은 이미 오래전 일이고 국제 야구 대회에서는 이미 2008년부터 연장에 들어가면 노아웃에 1,

2루 상황을 만들어 놓고 시작하는 승부치기를 도입했습니다. 국내에서도 2018년부터 타자를 고의 볼넷으로 내보낼 경우 실제 공을 던지지 않고 벤치의 수신호로 보내도록 하였습니다. 모두가 빠른 진행을 위한 조치들인 셈입니다.

테니스에서는 메이저 대회 5세트를 3세트로 줄이고 아예 세컨 서브를 없애자는 의견이 있는가 하면 골프에서는 샷 시간제한 및 홀마다 최대 타수의 한계를 설정하자는 의견도 대두된 바 있습니다. 세계는 지금 종목과 분야를 막론하고 빠른 진행을 위한 시간과의 전쟁을 하고 있는 셈입니다.

인터넷을 기반으로 한 정보혁명은 안 그래도 급변하는 환경의 변화를 더욱 가속화 시켰습니다. 세상은 정말 빠르게 변했고 이에 대한 더욱 빠른 대응이 경쟁력의 핵심이 되었습니다. 작금의 시대에는 지금까지 수없이 많은 석학이 주창해 온 "변화해야 한다"는 전제가 "변화를 선도해야 한다"는 보다 적극적이고 주도적인 의미까지 포함하게 되었습니다. 변화를 선도한다는 것이 곧 빠른 변화를 의미하기 때문입니다. 혹시 변화를 선도하는 입장도 아니고 상황도 여의치 않다면 차선으로 변화에 민첩하게 대응할 수 있어야 합니다. First Mover 선도자 와 함께 Fast Follower 빠른 추격자 가 주목받는 것은 궁극적으로 속도가 경쟁력이기 때문입니다.

"속도도 중요하지만, 방향이 더 중요하다"라는 진리에 지나치게 현혹되지 말기 바랍니다. 방향? 물론 속도보다 더욱 중요합니다. 그런데 우리 인생사에서 방향의 옳고 그름을 판별하기란 그리 만만치 않습니다. 속도를 낼 때 비로소 그 방향의 진위가 가려지는 경우도 상당히 많습니다. 따라서, 방향이 중요하다는 전제가 속도를 내지 못하는 변명이 되지는 않는지, 혹은 방향이 명확하지 않다는 이유로 지금 할 수 있는 것들을 방만하게 바라만 보고 있지는 않은지 잘 살펴야 하겠습니다.

<blockquote>그들은 변화를 원하지만 당장은 원하지 않는다.</blockquote>

케임브리지대 정치학 교수인 '데이비드 런시먼'이 그의 저서에 남긴 지극히 평범한 한 줄이 깊게 패인 후회의 주름처럼 우리의 일상을 관통하고 있습니다. 그냥 변화가 아니라 빠른 변화! 빨라야 합니다. 빠른 속도가 갖는 경쟁력의 파워를 간과하지 말아야겠습니다.

IQ ——— INSIGHT QUESTION

지금 당장 당신이 원하는 변화는 무엇입니까?
그것을 위해 어떤 노력을 하고 있습니까?

준비
READY

초등학교 때 왜 그렇게 보이스카우트가 부러웠는지 모릅니다. 예사롭지 않은 멋진 단복에 매료됐지만, 막연히 단복이 비쌀 거라는 생각에 하고 싶다는 말은 차마 할 수 없었습니다. 철이 든 건지 안 든 건지 고등학생이 되어서 과감히 보이스카우트 동아리에 들었습니다. 스카우트의 인사는 바로 '준비'…. 절도 있는 인사와 자세를 할 때마다 묘한 매력이 느껴졌습니다. 그런데 어른이 되어서야 그때는 제대로 몰랐던 준비가 바로 살아가는 내내 기쁨과 탄식의 결과를 가져오는 원인이라는 것을 비로소 알게 되었습니다. 층층이 쌓인 준비 부족의 결과물들은 한여름 뙤약볕에 선 허수아비처럼 대책 없이 모진 풍수를 견뎌야만 합니다. 그럼에도 불구하고 아직도 헤어나지 못하고 있는 부족한 준비와 빗나간 준비는 멈추지 않는 완행열차처럼 삶 속을 느릿느릿 지나가고 있습니다.

지난 17년 동안 매일 새벽 4시 30분에 운동장에 나간 사나이, 자신을 키운 건 8할이 준비였다는 추신수의 2019년 신년 인터뷰가 눈처럼 하얗게 쏘옥 들어왔습니다.

나는 노력한 만큼 보상을 받은 운이 좋은 케이스가 맞다.

추신수는 2005년 메이저리그로 처음 콜업된 첫날부터 장갑 끼고, 헬멧 쓰고, 방망이까지 들고 감독 옆에 앉아 있었다고 합니다. 대타로서 자신이 항상 준비되어 있다는 것을 보여주기 위한 일종의 시위였습니다. 그런데 그의 준비는 그냥 준비가 아니었습니다. 철저한 준비였습니다. 매일 새벽 4시 30분 출근 이후에는 지독한 루틴을 철저하게 지키는 특유의 준비가 이어집니다. 반신욕으로 시작해서 웨이트 트레이닝, 샤워, 치료, 스윙 연습이 철학자 칸트처럼 분 단위까지 맞아떨어질 정도라고 합니다. 구단에서 추신수를 찾으면 다들 시계를 보고 "지금쯤 어디에 있을 거야"라고 알려줄 정도입니다. 또한, 추신수는 라커 캐비닛 정리도 철저해야 한다고 합니다. 연습용과 실전용 장갑을 색깔별로 구분해 두고 모든 것을 본인이 직접 준비합니다. 무슨 일을 하던 자신이 미리 준비해 놓고 모든 게 정리된 상태에서 기다려야 좋은 결과가 나온다는 것이 준비에 대한 그의 확신입니다. 이 세월이 무려 17년입니다. 이 세월의 무늬를 뜯어보니 그가 혹독한 마이너리그 시절부터 최고의 무대라는 메이저리그에서 출루 머신으로 각인되기까지 마치 한 땀 한 땀 벽돌을 쌓듯 이어져 온 준비의 역사가 새겨져 있었습니다. 2018년 메이저리그 현역 최고인 52게임 연속 출루

기록을 세우는 과정 내내 전 미국이 추를 주목했습니다. 그 덕에 생애 첫 올스타가 되는 기쁨도 맛보았습니다. 단언컨대 추신수 특유의 준비력이 쌓이고 쌓여 만들어 낸 괄목할 만한 성과였습니다.

추신수 선수가 철저한 준비를 했다면 일본의 야구영웅 '이치로' 선수는 철저함을 뛰어넘는 완벽한 준비를 루틴으로 가져간 선수입니다. 경박단소로 대변되는 일본의 특성을 그대로 갖춘 야구 사무라이 이치로의 미국 공습은 마치 진주만 습격처럼 예상 밖이었고 위협적이었습니다. 거포들이 즐비한 메이저리그에서 칼 같은 예리함과 정교함으로 무장한 이치로는 메이저리그 통산 3,089개의 안타를 치면서 전설의 경지로 평가받는 3,000안타 이상을 기록했고 일본 기록까지 포함하면 4,367개로 세계에서 가장 안타를 많이 기록한 선수입니다. 미국 내 일본 최고의 수출품이 워크맨도 아니요 렉서스도아니요, 바로 이치로라는 평가가 결코 과장이 아님을 기록이 말해주고 있습니다. 바로 이러한 기록 뒤에는 감히 그 누구도 범접할 수 없는 완벽에 가까운 준비, 아니 완벽한 준비가 있었습니다. 이치로는 추신수 선수와 마찬가지로 항상 똑같은 방식으로 똑같은 시간에 스트레칭, 마사지, 타격 훈련을 합니다. 더그아웃에 있을 때는 1인치 나무 막대기로 발바닥을 문지릅니다. 발이 건강해야 몸도 건강하고 컨디션 유지에 도움이 되기 때문입니다. 매일 아내가 싸주는 도시락으로 밥을 먹고, 일본에서 주문 제작해 온 습도조절 케이스에 방망이를 보관하고 배트의 습도를 일정하게 유지합니다. 야구 글러브는 자신이 직접 꿰매고 관리하다

장인의 손에 맡기는 등 장비 관리도 지독하리만치 완벽에 가까웠습니다. 집에서 TV를 볼 때는 시력 보호를 위해 선글라스를 낍니다. 보통 노장 선수들의 특징 중 하나가 전성기 대비 확실히 후덕해진 허리 사이즈와 몸매입니다. 이치로는 데뷔 때와 마찬가지로 은퇴할 때인 46세에도 체지방 7%를 유지하는 지독한 자기관리 결과를 보여주었는데 그것은 아마 프로 생활 28년 동안 완벽한 준비를 위한 노력의 과정이 뼛속까지 새겨진 결과가 아닐까 생각합니다.

생각해보니 준비가 아닌 게 없습니다. 열심히 공부하는 것도 준비요, 일하는 것도 성과를 내기 위한 준비이며, 경쟁의 승리를 위해 매진하는 연습도 준비입니다. 성과 이외의 모든 것이 바로 준비입니다. 결국 성과는 준비의 품질과 사이즈에 의해서 결정됩니다. 철저한 준비, 완벽한 준비를 대변하는 추신수와 이치로가 전하는 성장의 비밀이 여기에 있습니다.

기회가 기회인지 모르고 지나고 나면 "그때가 기회였구나"라고 뒤늦게 알아차릴 때가 있습니다. 내겐 기회가 없었다며 자신의 불운을 탓하는 사람들은 기회의 얼굴을 알아보지 못합니다. 꼭 그런 것은 아니지만 기회는 대개 운이라는 얼굴로 둔갑해서 오기 때문입니다. 세상에 공짜가 없듯이 준비가 없으면 기회 또한 없다고 생각하는 게 세상 이치에 따르는 현명한 생각입니다. 준비하는 자만이 기회를 알아보는 분별이 생기기 때문입니다. 또한 준비하는 사람에게는 빛이 나고 세상은 그 빛을 알아봅니다. 당장 맡은 업무에 도움이 되지 않더라도 자격증을 따기 위해 주말을 반납하는 직원, 새벽잠을 깨워 가며 어학 학원에서 수업을 듣고 출근하는 직원, 틈나는 대로 교양서적을 읽고 앎의 영역을 넓혀 가는 직원들은 본인 의지와 상관없이 주변에서 알아보고 먼저 인정하여 뜻하지 않은 기회를 안내 받게 될 가능성이 매우 높습니다.

친구 M은 우여곡절 끝에 막차를 타고 제약사에 입사했고 영업부서에 배치되었습니다. M은 신입사원때부터 주말을 이용해 자동차 정비 학원을 다니면서 열심히 공부했고 마침내 자격증을 취득했습니다. 더 나아가 M은 중고차를 구매해 자신이 직접 차를 분해하고 고치고 조립하고 튜닝까지 하면서 어느새 자동차 박사가 되었습니다. M이 특히 관심을 갖는 것은 외제차였습니다. 이유가 있었습니다. 많은 의사들이 외제차를 타기 때문이었습니다. 의사들은 해박한 자동차 지식을 바탕으로 차를 진단해 주고 조언해 주는 M의 발군의 실력에 반할 수밖에 없었고 자연스럽게 차의 선택과 관리를 M에게 의존하게 되었습니다. 당연히 계약은 우리가 예상하는 대로 이루어졌고 의사들은 M을 자신의 지인들에게 아낌없이 소개해 주었습니다. 친구 M은 회사의 보물이 되었고 괄목상대라는 말이 딱 어울릴 정도로 훌륭히 성장해 나갔습니다.

하늘은 스스로 돕는 자를 돕는다고 하였습니다. 그렇다면 '스스로 돕는 자'는 어떤 사람일까? 아마도 꾸준히 준비하는 사람을 의미하는 것은 아닐까? 오늘 내가 무엇인가 준비한다는 것은 기회를 맞이할 자격을 갖추는 것입니다. 기회는 결코 준비라는 정거장을 그냥 지나치지 않습니다. 준비하면 하늘도 돕게 되어 있습니다.

IQ — INSIGHT QUESTION

**추신수가 철저한 준비, 이치로가 완벽한 준비라면 당신의 준비는
어떤 준비입니까? 그렇게 표현하는 이유는 무엇입니까?**

CPR, 당신은 할 수 있습니까?

가족들과 산에 갔습니다. 아이가 미끄러져 넘어지더니 일어나지 못합니다. 아내의 비명이 골짜기를 찌르는데 아들은 의식이 없고 숨을 쉬지 않습니다. 당신은 어떻게 하시겠습니까? CPR Cardiopulmonary resuscitation 할 수 있습니까?

오랜만에 부서 워크숍을 갔습니다. 족구하다 갑자기 팀장님이 쓰러졌습니다. 심정지가 왔고 호흡이 없습니다. CPR 심폐소생술 당신은 할 수 있습니까?

지난 2000년 4월 18일 롯데 자이언츠 소속의 '임수혁' 선수가 경기 중 갑작스런 호흡곤란으로 그라운드에 쓰러졌습니다. 당시의 영상을 찾아서 자세히 보니 선수도 심판도 경기 관계자도 어찌할 바를 몰랐습니다. 할 수 있는 것은 그저 황급히 들것을 가지고 오는 것 뿐이었습니다. 정착 촌각을 다투는 심폐소생술은 후송 도중 이루어졌습니다. 그렇게 골든타임을 놓친 임선수는 의식을 회복하지 못한 채 10여 년의 기나 긴 투병에도 불구하고 끝내 눈을 뜨지 못했습니다. 많은 이들이 고 임수혁 선수를 통해 경기 중 불의의 사고에 신속하게 대응할 수 있는 준비를 갖추어야 한다는 데 공감하게 되었습니다.

그런데 2007년 WBO 플라이급 챔피언인 '최요삼' 선수가 경기 직후 뇌출혈로 링 위에서 실신, 끝내 사망하는 일이 또 벌어지고 말았습니다. 아마도 즉각적인 응급조치가 이루어졌다면 그리 허망하게 챔피언을 보내지는 않았을 것입니다. 응급조치가 제대로 이루어져도 회복의 여부가 불투명한 경우가 다반사인데 불현듯 발생하는 경기 중 위급상황에 대처하는 후진성은 여전했습니다.

2000년 이후 축구에서만 훈련 또는 경기 중 쓰러져 목숨을 잃은 선수가 전 세계에서 16명입니다. 다른 종목 또한 결코 예외가 아닙니다. 아무래도 경쟁적으로 몸을 써야 하는 스포츠의 세계에서 가장 큰 잠재적 리스크가 바로 선수들에게 닥치는 불의의 사고입니다.

2018년 11월 28일 광주FC '이승모' 선수가 공중볼을 다투다 넘어져 의식을 잃었습니다. 목이 뒤로 꺾인 채 머리부터 바닥에 떨어진 것입니다. 누가 봐도 심장이 멎을 만큼 위험해 보였고 누구라도 찰나의 불길한 생각을 떠올릴 수밖에 없는 위급한 상황이었습니다. 하지만 주심의 신속한 대처는 이 모든 우려를 다독거릴 만큼 능숙했습니다. 선수의 상태를 즉각 파악한 주심은 주저 없이 심폐소생술에 들어갔고 이선수는 곧 의식을 회복할 수 있었습니다. 만약 그 순간 예전의 무방비 상태로 대처했다면 어떻게 되었을까? 심폐소생술과 응급조치를 숙지한 준비된 심판의 대응이 어떤 결과를 낳는지, 안도와 희망을 부르는 준비가 얼마나 효과적인지 명확히 보여주는 순간이었습니다.

연간 심장마비 사망자는 2만5천명에서 3만 명 정도 된다고 합니다. 하루에 70여명 정도가 심정지로 사망하는 셈입니다. 심정지가 오면 골든타임 4분…. 이때 CPR을 시도할 가능성이 미국 70%, 유럽 60%, 일본 35% 정도라고 합니다. 한국은 몇 프로일까요? 참담하게도 고작 4%입니다. 그것도 살려낼 가능성이 아니라 시도할 가능성 말입니다. 참으로 심각한 수치가 아닐 수 없습니다. 준비에도 우선순위가 있습니다. 시대와 상황과 분야를 막론하고 가장 중요한 것은 인간의 생명입니다. 준비 여부에 따라 사람의 목숨이 좌지우지 되는데 이에 대한 준비력이 고작 4%라면 미리 예방하고 대비하는 국가 차원의 준비가 얼마나 소홀하고 취약한지 단적으로 말해 줍니다. 한 마디로 세계 속의 코리아 위상에 맞지 않는 문화이며 안전의식과 시스템의 후진성이 농후한 결과입니다.

우선적으로 준비하고 미루어 짐작하여 대비하는 것은 상당히 전략적인 선제적 대응을 의미합니다. 고려시대 충신인 정몽주가 길이 빛나는 것은 백골이 진토가 되어도 고려 사람으로 뼈를 묻겠다던 일편단심과 더불어 앞날을 예견하고 준비하는 유비무환의 전략적 안목이 있었기 때문입니다. 미국 건국의 아버지라는 벤자민 프랭클린은 "준비에 실패하는 것은 실패를 준비하는 것이다"고 하였습니다. 준비의 실패는 곧 전략의 실패와 다름없습니다. 또한 준비는 생각으로 하는 것이 아니라 실제 행동으로 이루어집니다. 기업마다 환율과 유가가 치솟으면 최악의 경우를 대비해 리스크 시뮬레이션을 합니다. 사업계획 설명회나 부서를 대표해 PT를 할 때에도 미리 해보고 갑니다. 이

웃나라 일본은 지진이 발생했을 때를 대비해 미리 작성해 둔 매뉴얼 대로 예행연습을 합니다. 해 봐야 감을 잡을 수 있는 법입니다. 미래를 보는 안목과 실행이 조화롭게 함께 할 때 보다 실질적인 준비가 마련됩니다.

준비! 단언컨대 우리의 삶은 준비한 만큼 풍요로워집니다.

IQ — INSIGHT QUESTION

당신이 앞날을 위해 남모르게 준비하는 것이 있다면 무엇입니까?
그 준비가 주는 혜택은 무엇이겠습니까?

독특 / 차별화
UNIQUE

토네이도, 메이저리그를 강타하다

어렸을 때 엄마 손을 잡고 남대문 시장을 간 적이 있습니다. 길을 가는 건지 사람 숲을 가는 건지 행여 엄마 손을 놓칠까 봐 두려웠지만 두리번두리번 뚤레뚤레 연신 물건들을 보기 바빴습니다. 남대문 시장은 초등학생이 보기엔 세상에 없는 것이 없는, 말 그대로 별천지세상이었습니다. 그중에서도 언제나 그랬듯이 이 시장의 상징과도 같은 장면을 보는 것이야말로 최고의 재미였습니다.

"골라 골라 골라…"

대충 만든 상판에 올라가 구르는 발과 기묘한 조화를 이루면서 마치 사람의 혼을 빼듯 외치는 '골라 골라'는 열심히 살아가는 사람들의 삶과 꿈틀거리는 시장의 역동과 에너지를 쏟아내는 남대문 시장 특유의 노래이자 얼굴이었습니다. 유행의 짝퉁은 당시도 놀라울 정도였습니다. 사람들은 유행을 걸친 '골라 골라' 아저씨 아줌마 쪽으로 구름처럼 모여들었다가 순식간에 빠져나가고 또다시 모이고를 반복하였습니다. 그런 가운데 만만치 않은 경쟁력으로 사람을 모으는 또 다른 '골라 골라'가 있었습니다.

"골라 골라 골라, 다른 집엔 없어, 여기 밖에 없어. 골라 골라 골라"

다른 집엔 없다니 여기 밖에 없다니…. 미묘하게 맴도는 그 주문은 유행 못지않게 사람을 모으는 일종의 마법과도 같았습니다.

　지금까지 수없이 많은 투수를 보았지만 '다른 데는 없는 여기 밖에 없는' 와인드업을 하는 투수가 있었습니다. 토네이도라 불린 '노모 히데오'입니다. 모든 투수들이 똑같은 폼으로 던지는 것은 아니지만 대개가 비슷한 패턴으로 던집니다. 하지만 노모는 확실히 독특하고도 유니크한 자기만의 폼으로 타자들과 상대했습니다. 두 팔을 기지개 켜듯 11자로 완전히 올린 다음 등 번호가 보일 만큼 온몸을 비틀어서 던지는 유니크한 폼을 보고 미국에서는 그를 토네이도라 불렀습니다. 노모는 프로 데뷔 첫 해에 '트리플 크라운 _{방어율, 승률, 다승 1위}'을 달성, 신인왕과 MVP 그리고 최고의 영예인 '사와무라상'까지 차지했고 일본 프로야구 역사상 4년 연속 다승왕과 탈삼진왕을 동시에 기록한 유일무이한 선수입니다. 마침내 일본을 평정하고 메이저리그로 건너가 데뷔 첫 해 신인왕과 탈삼진왕을 차지하는가 하면 MLB 역사상 네 번째로 내셔널리그와 아메리칸리그 양대 리그에서 노히트노런을 기록한 말 그대로 토네이도를 일으킨 선수입니다. 국내 최초의 메이저리거인 '박찬호' 선수와 함께 당시 LA다저스의 선발 축으로 활약한 노모였기에 우리에게도 매우 친숙한 선수입니다.

　스포츠인사이터는 노모가 공을 던질 때마다 마치 싱싱한 파도가 힘차게 밀려와 갯바위를 철썩 때리면서 부서지는 모습을 보는 듯했습니다. 정말 독특했고 역동적이고 그래서 보는 맛도 아주 좋았습니다. 하지만 한편으로는 어찌 저런 폼으로 던지는 걸까? 아무리 생각해도 다이나믹한 폼은 그만큼 체력 소모를 가져오는 비효율을 초래할 것만 같았습니다.

노모는 흔히 얘기하는 "될 성싶은 나무는 떡잎부터 다르다"는 케이스가 아니었습니다. 중학교 때까지 눈에 띄지 않는 무명 선수였습니다. 평범한 속구를 가진 어린 투수가 생각해 낸 것은 직구의 구속을 올리기 위해 온몸을 비트는 것이었습니다. 마치 골프의 타이거 우즈가 허리를 틀대로 틀어 순식간에 스윙을 하는 것과 유사한 방식입니다. 도움닫기를 멀리해야 좀 더 힘을 받는 것처럼 두 팔을 11자로 쭉 뻗고 타자가 등 번호를 볼 수 있을 만큼 최대한 비틀어 던지는 노모의 전매특허이자 유니크한 폼은 실상 직구의 구속을 올리기 위한 묘수이자 한편으로는 궁여지책의 결과였습니다.

사실 노모는 보기와 달리 박찬호만큼 강속구 투수가 아니었습니다. 그의 트레이드마크는 유니크한 투구 폼과 함께 낙차 큰 포크볼입니다. 온몸으로 휘몰아치듯 던지는 폼에서 나오는 포크볼은 타자 입장에서는 확실히 생경하고 낯선 공이었나 봅니다. 혹자는 노모의 포크볼을 90년대를 대표하는 결정구로 뽑기도 하는데 과연 노모가 평범한 투구 폼으로 던졌더라도 그렇게 가공할 정도로 효과적이었을까? 노모의 유니크한 폼은 포크 볼의 위력을 배가시키는 일종의 펌프처럼 움직였습니다. 사실 아시아에서 역사가 가장 깊은 일본 야구라지만 90년대 메이저리그는 일본에게도 넘을 수 없는 장벽과도 같았습니다. 노모는 이러한 메이저리그를 개척한 선구자와도 같은 선수로서 MLB에서 성공한 첫 번째 동양인으로 평가받고 있습니다.

그런데 얼핏 생각하면 과하다 싶은 큰 동작으로 인해 다른 투수보다 훨씬 체력 소모가 많았을 것 같은데. 예상외로 노모의 최대 장점이 바로 이닝 소화 능력입니다. 일본에서 5년간 출전한 139게임 중 80게임을 완투한 철완이 바로 노모입니다. 완투율이 무려 60%에 이릅니다. 메이저리그에서 그가 거둔 승수는 123승, 주목할 것은 123승 모두가 선발승이며 메이저리그에서도 통산 매 게임 6.1이닝을 소화한 이닝이터였습니다. 토네이도라 불린 노모의 유니크함이 의미가 있는 이유가 바로 이 대목입니다. 그는 독특한 폼으로 주목받았지만 실상은 선발 투수로서 6이닝 이상을 책임지는 기본 소임에 충실했던 선수입니다.

유니크 하다는 것은 남들이 하지 않는 독특한 방식으로 차별화를 추구한다는 것입니다. 차별화는 확실히 경쟁력을 부르는 힘이 있습니다. 페이팔의 창업자 '피터 틸'은 "차별성이 뚜렷해서 다른 것과 경쟁할 필요가 없는 세상에 단 하나뿐인 것을 만들라"고 조언한 바 있습니다. 안병민 작가는 그의 저서 '마케팅 리스타트'에서 'Do better'보다 'Do different'를 추구하라고 주문합니다. 세계 음악 시장을 강타한 한국산 글로벌 아이돌 '방탄소년단'의 성장 비결에는 십 수 년간 똑같은 방식으로 찍어 낸 공장형 아이돌과는 정반대로 가는 그들만의 'Do different'가 있었습니다. 일반적으로 아이돌 그룹이 세상에 나오기까지 평균 8년 정도의 연습 기간을 갖는다고 합니다. 이 기간 동안 그들은 보컬과 랩, 댄스와 퍼포먼스 그리고 비주얼까지 완벽하게 갖추고 나서 작사, 작곡, 프로듀싱의 과정을 거쳐 대중 앞에 섭니다. 이 프로세스는 아이돌이 시장에 진입하는 불문율이자 일종의 공식과도 같았습니다. 하지만 방탄소년단은 기존의 아이돌과는 완전히 다른 역방향의 프로세스를 통해 시장에 진출했습니다. 그들은 보컬과 댄스 실력이 미흡한 단계였지만 곡을 만들어 프로듀싱을 마친 후 대중 앞에 선 다음 그리고 나서 퍼포먼스를 보다 정교하게 가다듬었습니다. 실제 데뷔 초 방탄소년단의 모습은 그들 스스로 찌질하다고 표현할 정도로 촌스러웠습니다. 그들이 글로벌 스타다운 퍼포먼스와 비주얼의 세련미를 갖추게 된 것은 새로운 음반을 내는 과정에서 자연스러운 진화의 과정을 밟은 것이지 처음부터 완벽한 모습으로 대중에게 다가선 것은 아니었으며 이는 기존 아이돌의 시장 진출 루트와는 완전히 거꾸로 가는 그들만의 유니크한 방식이었습니다.

지금은 뚜렷한 개성을 선호하고 자신의 개성을 마음대로 드러내는 세상이 되었습니다. 평범한 것을 거부하는 대중의 트렌드는 이미 고전이 된 지 오래 입니다. 회사에 다니는 직장인은 물론 누구라도 경쟁과 성과의 프레임에서 자유롭지 않다는 것을 고려해 볼 때 평범한 것보다는 유니크한 것을 추구하는 것이 더 효과적이고 경쟁 우위를 선점하는 데 도움이 될 것입니다. 그렇다고 유일무이한 독특함이 항상 승리의 보증수표가 되는 것은 아닙니다. 그것은 전체를 대변하는 무늬가 될 수는 있어도 항상 핵심이 되는 것은 아닙니다. 유니크와 차별화가 빛을 보기 위해서는 본질에 충실해야 한다는 것을 노모는 온몸으로 말해주었습니다. 그의 투구 폼이 더욱 빛나는 것은 최대한 긴 이닝을 책임지는 선발투수의 역할에 언제나 묵묵히 최선을 다했기 때문입니다.

토네이도를 몰고 온 사나이 노모 히데오, 그에게서 반짝이는 유니크한 지혜를 다시금 새겨봅니다.

　　이미 시작된 대한민국의 고령화 사회는 직장을 떠나 은퇴 이후 새로운 도전에 나서야 하는 분위기로 바뀌었습니다. 말 그대로 '인생 2모작'의 시대가 온 것입니다. 이 궁리 저 궁리 하다가 결국 치킨집이나 해볼까? 문과는 대학을 나와 치킨집을 차리고, 이과는 직장을 나와 치킨집을 차린다는 '기승전 치킨집'이자 '치킨집 수렴의 법칙'이 있습니다. 딱히 새로운 길을 찾기가 쉽지 않아 결국 치킨집을 한다고 할 때 어떻게 해야 성공할까? 이미 포화된 시장에 뛰어든 후발주자가 기존의 치킨집과 비슷한 방식으로 성공할 수 있을까?

　　2003년 자동차 시장에 뛰어들어 양산 10년 만에 미국의 자존심인 빅3 GM,포드, 다임러크라이슬러 를 누르고 미국 자동차 회사 중 시가총액 1위, 전 세계 2위에 오른 기업이 있습니다. 바로 전기자동차를 주로 생산하는 '테슬라'입니다. 자동차 제조는 약 2만 개 이상의 부품이 들어가는 종합예술입니다. 오랜 경험과 집적된 노하우가 경쟁력의 핵심인데 도도한 신생기업 테슬라가 짧은 업력에도 불구하고 시장을 석권한 주요인은 기존 업체들과는 차별화된 그들만의 유니크한 유전자가 있기 때문입니다. 테슬라는 시장의 주류였던 가솔린과 경유차 대신 전기차에 집중했습니다. 또한 다른 업체들이 추구한 전기차는 성능이나 디자인보다 연비 개선과 친환경에 초점을 맞춘 반면 테슬라는 고성능 전기차를 개발하여 고가에 팔았고 그 대신 저렴한 유지비용을 집중 부각하여 소비자들에게 어필하였습니다. 놀라운 것은 시장을 선점한 회사들이 천문학적인 돈을 들여 광고하는 대신 테슬라는 광고도 하지 않았습니다. 광고는 CEO인 '엘론 머스크'의 트위터를 활용하고 판매 또한 전통방식인 전문 딜러를 통하지 않고 직판 정책을 고수하고 있습니다. 아마도 전 세계에서 단시간 내 기존 시장 질서를 무너뜨리고 차세대 트렌드를 주도하면서 가장 강력한 경쟁력을 갖춘 신생기업이 바로 테슬라가 아닐까 싶습니다. 테슬라의 비결은 결국 주류와 대세에 기죽지 않은 그들의 도전적인 차별화에 있습니다.

보스턴 대학의 정치학 교수인 '아레귄 토프트'는 1800년 이후 200년 동안 벌어진 전쟁의 승패를 연구 분석하였습니다. 그 결과 약소국이 강대국과 같은 방식으로 싸웠을 때 승리한 확률은 24%에 불과합니다. 하지만 약소국이 강대국의 전투방식과는 다르게 자신들의 방식으로 전쟁을 치렀을 때 승리한 확률은 63.6%라는 주목할 만한 결과를 내놓았습니다. 경쟁이 극심한 시장에 뛰어든 후발주자나 덩치가 작은 조직에게 어떻게 싸워야 승산이 있는지 지난한 전쟁의 역사가 알려주는 지혜는 결국 독특한 차별화의 지혜입니다. "다르지 않으면 그냥 죽었다고 생각하라"는 말이 딱 맞는 것 같습니다.

그 많은 운동 중에 골프만큼 교본에 가까운 정교함을 필요로 하는 운동이 있을까? '타이거 우즈'의 첫 스승인 '루디 듀런'은 네 살인 우즈의 스윙을 보고 "믿을 수 없고 두려웠다. 어드레스 자세도 완벽하고 클럽을 백스윙의 정점까지…. 완벽하다. 꼭 모차르트 같았다"라며 감탄을 금치 못했습니다. 흔히 골프 황제라는 타이거 우즈의 스윙을 보면 완벽한 스윙의 소유자라는 수식어가 붙은 이유를 그냥 느낌으로 알게 됩니다. 백스윙 → 백스윙 탑 → 다운스윙 → 임팩트 → 피니쉬까지 흐르는 강물처럼 유려하게 이어지는 우즈의 스윙을 슬로우 비디오로 보면 마치 하나의 명품을 감상하는 것처럼 황홀할 정도입니다. 모든 동작이 중요하지만 다운스윙을 거쳐 임팩트 순간부터 마지막 피니쉬까지의 동작은 전속력으로 달리던 보트가 천천히 속도를 줄이고 자신이 출발한 강가에 정확히 들어오는 안정감이 느껴집니다.

그런데, 정교한 스윙 특히 마지막 피니쉬에서 골프의 교본을 흔들어 버린 괴짜이자 이단아가 등장했습니다. 어쩌면 정교함을 지향하는 고급 스포츠를 희화화하듯 우스꽝스러운 폼으로 마치 스윙의 정석을 따르는 사람들을 조롱하는 듯한 파격적인 피니쉬 퍼포먼스의 소유자, 소위 '낚시꾼 스윙'으로 전 세계를 강타한 대한민국의 '최호성' 선수가 그 주인공입니다. 사람들은 그의 허리를 꼬아 몸을 돌리며 한쪽 다리를 들어 올리는 유니크한 스윙을 보고 마치 낚시꾼이 채를 낚아채는 모습과 흡사해 '낚시꾼 스윙'이라 불렀습니다. 2018년 한국오픈에서 최호성의 독특한 액션은 화제를 모았고 미국 골프위크가 그의 영상을 소개하면서 전 세계에 '낚시꾼 스윙'의 열풍이 불었습니다. 급기야 미국 내에 최호성을 PGA에 초청하라는 청원이 확산되면서 최 선수는 2019년 2월 미국 PGA 투어 AT&T 페블비치 프로암대회에 초청 선수 자격으로 출전하기에 이릅니다.

그런데, 최호성은 결코 스윙의 일반적인 상식을 깨고 단지 독특하고 재미있는 스윙을 개발한 선수만은 아닙니다. 그는 낚시꾼 스윙으로 지금까지 한국에서 2회, 일본에서 2회 우승을 차지한 명실상부한 골프 챔피언이었습니다. 최 선수는 유년 시절 가정 형편이 어려워 궁핍했고 골프장 직원으로 일하다가 27세 늦은 나이에 프로에 입문하였습니다. 경쟁 상대들보다 한참 늦은 데뷔인데다 고등학교 때 사고로 엄지 한쪽 마디를 잃어 드라이버 샷에 힘을 주는 데 한계가 있었습니다. 일부에서는 그의 스윙을 보고 과한 할리우드 액션이라 폄하하기도 하지만 실상 그의 유니크한 낚시꾼 스윙은 보다 멀리 공을 날려 보내야만 했던 한 선수가 십 수 년에 걸쳐 나름의 필살기로 고안해 낸 세상에 단 하나밖에 없는 스윙입니다. 해외에서도 단지 그의 독특한 샷에만 관심을 갖는 것이 아니라 독특한 스윙을 할 수밖에 없었던 배경과 한계를 극복하고 타이틀을 거머쥔 그의 노력에 더욱 더 열광하고 있습니다. 그의 샷은 보기엔 엉성하고 우스꽝스럽지만 실상 임팩트 때 파워를 최대한 낼 수 있는 나름의 노하우가 들어 있는 것입니다.

사람들이 나를 통해 골프에 익숙해지고 편안하게 접근할 수 있기를 바란다.

나처럼 팬들도 스포츠를 즐기기 바란다.

자신의 스타일을 개발하고 재미있게 지내길 바란다.

- 미국 골프닷컴 인터뷰 中

이제 그 독특한 자신만의 방식으로 네 번의 우승을 경험하고 비록 초청 선수 신분이었지만 40대 중반에 미국 PGA에 데뷔한 최호성 선수는 이제 골프를 즐기는 아이콘이자 상징적인 존재로 자리매김하게 되었습니다. 아무래도 그의 전성기는 결코 끝날 것 같지 않습니다.

IQ ── INSIGHT QUESTION

**당신이 있는 곳에서 당신이 하는 'Unique'는 무엇이며
그에 대한 주변 사람들의 반응은 어떻습니까?**

마무리
FINISH

마무리의 장인, 금단의 열매를 따다

1995년 NBA 동부 컨퍼런스 4강 '인디애나 페이서스' 대 '뉴욕 닉스' 1차전, 인디애나가 6점 차로 뒤진 상황, 남은 시간은 단 18초. 누가 봐도 패색이 완연했던 이 순간에 단 8,9초 만에 8점을 쏟아부어 믿기지 않는 역전승을 이루어 낸 승부사 '레지 밀러'는 유독 4쿼터에 더욱 빛나는 선수로 각광받았습니다. 바로 그 유명한 밀러 타임의 주인공입니다. 그는 90년대 NBA 최강의 3점 슈터였지만 굳히기나 역전이 필요한 게임의 막바지에 클러치 능력을 발휘하는 선수로서 더욱 강렬하게 포지셔닝한 선수입니다. 당시 NBA 감독 대상으로 클러치 슛에 관해 설문조사를 했는데 대부분의 감독들이 "2점이 필요하면 마이클 조던에게, 3점이 필요하면 레지 밀러에게 슛을 맡기겠다"라고 답했습니다. 지금도 역대급 선수로 기억되는 '레지 밀러'지만 역시 반드시 골이 필요한 때에 골을 넣는 클러치 능력은 단연 마이클 조던이 최고였습니다. 조던은 농구의 차원을 바꾼 위대한 선수이자 결정적인 상황에서 게임을 마무리할 줄 아는 가장 믿을 만한 클로저였습니다.

승부의 세계에서 역전만큼 짜릿한 게 없지만, 야구에서 9회 말 아슬아슬하게 한 점을 지켜야 하는 박빙의 상황만큼 쫄깃한 승부도 없습니다. 그래서 승리의 상황을 지켜 내는 확실한 마무리 투수는 승리의 보증수표이자 강팀의 필수요건이 되었습니다. 메이저리그 뉴욕 양키스의 마무리 전문 투수 '마리아노 리베라'는 90년대 양키스 왕조를 이룬 주축으로서 팀에 5개의 우승 반지를 안기는데 결정적인 기여를 한 선수입니다. 당연히 구단은 19년 동안 양키스에서만 활약한 그에게 그의 등번호 42번을 영구결번으로 지정해 주었습니다. 통산 652 세이브, 13번의 올스타, 평균 자책점 2.05···. 매년 평균 34세이브 이상을 20여 년 가까이 기록한 그야말로 야구 역사상 가장 훌륭한 마무리 투수입니다. 위대한 클로저로서 그가 더욱 빛나는 것은 통산 자책점보다 현저히 낮은 포스트시즌 평균 자책점 0.70 기록입니다. 우승으로 향하는 포스트시즌은 마무리 투수가 숙명적으로 겪어야 하는 피말리는 승부에 대한 중압감이 최고조에 이르는 시기입니다. 이런 상황에서 언터처블의 각을 세운 리베라의 세이브 능력은 가히 난공불락의 철옹성이었습니다. 게다가 마리아노 리베라가 현대 야구사에 더욱 의미 있게 남는 것은 그를 통해 전략적으로 후순위였던 불펜 투수 운용의 패러다임이 바뀌고 세이브 전문 투수의 중요성과 위상이 새롭게 정립되었기 때문입니다. 유종지미 有終之美 라 하였던가? 세상살이에 그토록 중요한 유종의 미가 마무리 투수의 전문화를 통해 야구에도 선명하게 새겨지게 되는데 그 전환점에 리베라가 승리를 지키는 마무리의 순간들이 있었습니다.

2019년 1월 메이저리그 역사에서 일찍이 없었던 기념비적인 뉴스가 발표되었습니다. 역사상 그 어떤 위대한 선수도 넘지 못했던 명예의 전당에 만장일치로 입성하는 전설이 탄생한 것입니다. 그 주인공이 마리아노 리베라입니다. 명예의 전당이 신설된 지 83년 동안 325명의 입성자가 나왔지만 100% 만장일치는 단 한 선수도 없었습니다. 통산 511승을 거둔 불멸의 이름 사이영은 재수 끝에 명예의 전당에 입성했고 득표율도 76%에 지나지 않았습니다. 명예의 전당에 들기도 어렵거니와 많은 득표를 얻는 것이 얼마나 까다로운지 알 수 있는 대목입니다. 무려 17년 동안 2,632경기 연속 출장 기록을 가진 철의 남자 '칼 립켄 주니어'도, 약물이 아닌 순수 최다 홈런왕 '행크 아론'도, 영원히 깨질 것 같지 않은 56게임 연속 안타의 주인공 '조 디마지오'도, 심지어 야구 그 자체라는 '베이브루스'도 명예의 전당에 올랐지만 100% 만장일치는 아니었습니다. 장장 83년 동안 만장일치 입성자가 나오지 않자 명예의 전당 득표율 100%는 손에 잡히지 않는 요원한 신기루와도 같았고 퍼펙트 입성자를 배출하지 않는 것이 마치 하나의 전통이자 불문율이 되었습니다. 그런데 명예의 전당 투표단은 그 열리지 않는 만장일치의 문을 영원한 마무리 리베라에게 최초로 허락한 것입니다. 왜 그랬을까?

시작이 좋고 과정도 좋고 마무리까지 좋으면 베스트입니다. 그런데 시작은 좋은데 과정이 좋지 않은 경우가 인생사 중 다반사입니다. 그래도 마무리가 좋으면 거의 베스트입니다. 대개가 시작이 좋지 않은 경우 과정도 그리 순탄하지 않지만 마무리가 좋으면 결국 웃을 수 있습니다. 안 좋았던 지난 시간들조차 모두 축복으로 받아들이기 때문입니다. 우리 인생사에 말년 운이 중요하다고 하는 게 결코 우스갯소리가 아닙니다. 시작은 좋은데 마무리가 좋지 않으면 안타깝게도 가장 최악입니다. 왜냐하면 결과도 좋지 않은 데다 제대로 하지 못한 마무리를 위해 누군가 그 마무리를 대신해야 하기 때문입니다. 따라서 마무리를 잘하는 것은 바로 온전히 자신에게 주어진 책임을 다하는 것입니다.

스포츠인사이터는 3형제 중 막내입니다. 유년 시절 언제나 어지르는 것은 저였고 치우는 것은 두 형의 몫이었습니다. 그 시절 부잡스럽기가 이루 말할 수 없었던 제게 어처구니없는 사고나 황당한 포기는 빈번한 일이었습니다. 대부분 뒷감당은 형들 차지였고 호기롭게 맹렬히 시작한 것은 누군가 대신 마무리하기 일쑤였습니다. 가족들은 마무리가 부실한 막내가 항상 불안했고 믿을 수 없었습니다. 돌이켜보면 그 시절 어머니가 그토록 제게 유종지미를 일러주신 데는 이유가 있었습니다. 어머니의 사랑이 가득했던 잔소리 아닌 걱정에는 마무리를 잘함으로써 끝까지 책임을 다하고 신뢰받는 사람이 되라는 어머니의 간곡한 바람이 담겨 있던 것입니다.

마무리를 다 하는 것은 책임을 다하는 것입니다. 우리는 책임을 다하는 사람을 신뢰할 수 있습니다. 따라서 마무리는 뒷말 없이 깔끔하게 일 처리를 하는 데서 끝나는 게 아니라 궁극적으로 신뢰와 연결되어 있습니다. 최고의 마무리 리베라에게 100% 만장일치라는 금단의 열매를 허락한 데는 그만한 이유가 있는 것입니다.

대한민국 스포츠 역사에 이렇게 허망한 순간이 또 있을까?

대한민국 체조는 1974년 테헤란 아시안게임에서 2개의 금메달을 획득하면서 아시아 무대에 본격적으로 명함을 내밀기 시작했습니다. 그런데, 계속될 것 같은 금메달 행진은 기대대로 이루어지지 않았습니다. 다행히 1986년 서울 아시안게임부터 시상대 맨 위에 서는 선수들이 다시 나오기 시작했고 아시안게임 체조 금메달 행진은 약 30여 년간 계속되어 왔습니다. 그러나, 안방에서 벌어진 2014년 인천 아시안게임에서 대한민국 체조는 노골드의 수모를 당했습니다. 그동안 체조계의 오랜 숙원이었던 올림픽 제패의 꿈도 이루었는데 홈에서 벌어진 아시아 무대에서의 노골드는 보통 자존심 상하는 일이 아니었습니다. 실추된 명예와 자존심 회복을 위해 대한민국 체조계는 2018년 인도네시아 자카르타 아시안게임에 총력을 기울였습니다.

국가대표 선발전에서 전체 1위를 차지한 '김한솔'은 특정 종목만 잘하는 선수가 아닙니다. 그는 세계에서도 몇 안 되는 전 종목을 골고루 잘하는 선수입니다. 대한체조협회는 특히 그의 주 종목인 마루와 도마에서의 선전을 기대했습니다. 당시 언론은 2014년 리우올림픽에서 김한솔 선수를 '제2의 양학선'이라 소개하며 깜짝 메달이 기대

된다는 호평을 내놓았으나 결과는 차마 말도 꺼내지 못할 정도로 참담했습니다. 도마는 전 선수 중 꼴찌였고 마루는 35위에 그치면서 당연하게 생각했던 예선조차 통과하지 못했습니다. 기대주라는 타이틀의 무게를 감당하기 버거웠고 현지에서 컨디션 조절의 실패가 결정적인 원인이었습니다. 아물지 않은 2년 전 올림픽 상처를 씻기 위해서라도 그리고 실력에 비해 상복이 없다는 안타까운 시선을 불식시키기 위해서라도 김선수에게 아시안게임 메달 획득은 당면한 최대 목표가 되었고 이를 위해 최선을 다해 훈련에 매진해 왔습니다.

마루에 선 김한솔 선수는 담담해 보였고 또 의외로 평온해 보이기도 했습니다. 그의 동작 하나하나를 보니 아마추어인 제가 보아도 세계적인 수준임을 느낄 수 있을 정도로 탁월한 실력이었습니다. 체조에서 항상 문제가 되는 착지도 무난했습니다. 드디어 조국에 8년 만에 국제 대회 금메달을 안기면서 자신 또한 안타까운 유망주라는 꼬리표를 떼어 내고 첫 번째 금메달 획득의 영광을 안았습니다. 더더욱 고무적인 것은 다음 날 도마 종목 출전이 예정되어 있어 자연스럽게 2관왕의 꿈이 모락모락 피어나고 있었습니다. 그의 주 종목은 마루지만 도마라고 해도 어색하지 않을 정도로 김한솔 선수는 도마 종목에서도 빼어난 실력을 갖추고 있었습니다. '제2의 양학선'이라는 평가는 이 때문에 붙여진 수식어였습니다. 스포츠인사이터는 체조를 볼 때마다 느끼는 게 있습니다. 체조는 파워와 부드러움이 가장 예술적으로 결합된 스포츠, 마치 성난 사자의 으르렁거리는 포효와 우아한

학처럼 단정하고 절도 있는 모습이 수시로 교차하면서 펼쳐지는 1인 불꽃놀이라고나 할까? 그중에서도 도마는 가장 역동적이고 찰나의 비행 순간 한바탕 벌어지는 예술무에 잠시 혼을 뺏기는 경기라고 생각합니다. 선수는 25미터를 전력 질주한 스피드를 이용해 힘차게 구름판을 밟고 양손으로 도마를 짚은 뒤 각자의 시나리오대로 창작된 곡예를 무협지의 주인공처럼 펼쳐 보여야 합니다. 마지막 안정적 착지는 점수에 결정적 영향을 미치는 관전 포인트이자 환호와 탄식을 가르는 분수령이 됩니다. 이 모든 것이 불과 5초 내외에 결정되는 퍼포먼스가 바로 도마입니다.

김한솔 선수가 전날 금메달의 여세를 몰아 1차 시기에 나섰습니다. 힘차게 도마를 짚은 김선수의 비행이 마치 부채가 펼쳐지듯 유려하게 펼쳐졌고 착지도 완벽하게 이루어졌습니다. 2관왕이 점점 더 현실로 다가오는 듯했습니다. 드디어 마지막 2차 시기…. 쏜살같이 달려 가뿐하게 짚고 깔끔한 비행과 역동적인 비틀기에 이어 완벽히 착지, 금메달을 확신한 김선수는 스스로 박수를 치면서 숨죽이며 지켜보던 관중의 호응을 불러일으켰고 코치마저 경기장 안으로 들어와 얼싸안는 모습은 마치 승리의 세레머니처럼 감격스러웠습니다. 1차 시기에서 만만치 않은 연기를 보여준 홍콩의 '섹와이홍' 선수가 있었지만, 그가 2차 시기 불안정한 착지를 보여줌으로써 누가 보아도 김한솔 선수의 금메달은 99.9% 확정적이었습니다.

그런데 기대와는 달리 한국 스포츠 역사에 가장 어처구니없는 기억으로 남을 역대급 반전이 벌어졌습니다. 최종결과 금메달의 주인공은 김한솔 선수가 아니라 홍콩 선수였습니다. 편파 판정이나 심판이 실수한 건 아닌지 의심스러웠는데 공개된 점수를 보니 모든 연기에서 김한솔 선수가 앞섰지만 2차 시기에서 착지 후 심판에게 인사를 하지 않아 0.3점을 감점당하는 바람에 눈앞에서 금메달이 사라지는 어처구니없는 일이 벌어진 것입니다. 국제체조연맹은 연기 종료 후 선수가 심판에게 인사하지 않을 경우에는 0.3점을 감점한다는 규정을 두고 있었습니다. 실제 1차 시기를 되돌려 보니 김한솔 선수는 종료 후 심판에게 잊지 않고 인사를 했습니다. 그러나, 2차 시기에선 금메달 연기에 스스로 도취해 마무리 인사를 망각하고 곧바로 승리의 세레머니에 들어갔습니다. 이 무슨 황당하고 안타깝고 까무러칠 일이 또 있을까 싶지만 분명 되돌릴 수 없는 실수라는 것 또한 명백한 사실이었습니다. 마무리 인사 하나에 소홀한 것이 이처럼 애석한 일을 만들어 낼 줄이야, 결국 김선수는 한국 체조 역사상 최초의 아시안게임 2관왕이라는 개인적 영예를 스스로 걷어찬 꼴이 되고 말았습니다. 정작 본인이 서야 할 금메달 시상대는 엄한 선수에게 내주고 은메달의 자리에서 통한의 눈물을 흘리는 김선수에게 끝까지 마무리를 잘해야 된다는 세상의 이치가 바람에 나부끼는 사자의 갈기처럼 말없이 바라보고 있었습니다.

교병필패 驕兵必敗 라 하였던가? 교만한 병사는 반드시 패하게 된다는 고전은 동서고금을 막론하고 경쟁의 무대에서 적용되는 공식과도 같습니다. 분야를 막론하고 예상 밖 패배의 원인을 찾다 보면 상대편에 의해서 무너지기보다 교만한 자신을 제어하지 못한 경우가 허다합니다. 소위 잘나가다 한순간에 무너진 개인과 기업의 몰락에는 도끼눈을 뜨고 호시탐탐 기회를 엿보는 교만이 있습니다. 교만은 방심을 부릅니다. 방심은 초심을 무너뜨립니다. 무너진 초심은 느슨한 마무리를 불러 반전과 역습의 빌미를 스스로 내어줍니다. 우리의 삶이 희망적인 것은 역전이 있기 때문이지만, 역전승보다 중요한 것은 역전패를 당하지 않는 것입니다. 마무리에 세심한 주의를 기울여야 하는 이유가 여기에 있습니다. 대체로 경쟁에서 1위와 2위의 차이는 불과 몇 초 혹은 몇 발자국입니다. 그 간발의 차이가 메달 색깔을 바꿉니다. 하지만 그로 인해 금메달과 은메달이 각각 가져가는 영광과 명예의 사이즈는 어마어마하게 차이가 납니다. 정교하고 디테일한 마무리가 간발의 차이를 만들고 결국 궁극적인 승리를 가져옵니다.

성숙한 삶

내가 아닌 우리의 관점을 가질 때 그리고
다른 이의 성장에 기여할 때
삶은 성숙해집니다.

- 스포츠인사이터

품격
DIGNITY

종주국의 품격을 보여주다

헤드기어를 집어 던지고 싶을 정도로 속상했지만
훌륭한 경기를 보여준 상대를 존중하고 싶었다.

- 이대훈 선수 인터뷰 中

세계선수권 2연패, 아시안게임 및 아시아선수권 각각 2연패, 2년 연속 세계태권도연맹 WTF 이 선정한 올해의 선수를 차지한 이대훈 선수는 2016년 리우올림픽 남자 태권도 68kg급 강력한 우승 후보였습니다. 금메달을 안겨 줄 기대주로서 조명을 받는 것은 당연했습니다. 선수 자신도 올림픽에서 금메달을 따게 되면 4대 메이저대회에서 우승을 차지하는 그랜드슬램 달성의 주인공으로서 우뚝 설 절호의 기회를 맞이했습니다. 하지만, 세계무대에 너무 많이 노출된 것일까? 예상과 기대는 완전히 빗나갔습니다. 8강에서 뜻밖의 일격을 당한 것입니다. 어떻게든 전세를 뒤집어 보려는 이대훈 선수의 안간힘은 종료 버저와 함께 무위로 끝났고 패배가 확정되자 국민들의 아쉬움은 기댈 곳 없는 실망과 탄식을 부르고 있었습니다. 그런데 금메달이 유력시됐던 세계 챔피언이 무너진 바로 그 순간 모든 것을 덮을 듯한 이대훈의 미소가 아름다운 승부의 향기를 전하는 전령처럼 은은하게 경기장을 휘감았습니다. 이 선수는 자신에게 패배를 안긴 승리자에게 손뼉을 치면서 그의 손을 들어주었고 최선을 다해 승리한 그에게 엄지손가락을 치켜세웠습니다. 우리 선수에게 지금까지 좀처럼 보지 못한 품격 있는 명장면이었습니다.

> 이기면 기쁨보다는 상대 슬픔을 더 달래 주고, 또 진다면 제 슬픔보다
> 상대의 기쁨을 더 높게 만들어 주기로 저 스스로와 약속했었다.
>
> *- 이대훈 선수 인터뷰 中*

이대훈은 패자부활전을 통해 동메달 결정전에 올랐습니다. 동메달을 놓고 세계 1, 2위가 맞붙었고 이들의 불꽃 튀는 접전은 올림픽 태권도 역사에 길이 남을 명승부로 기록되었습니다. 사실 태권도는 대부분 선수가 수비 위주의 소극적인 플레이를 펼침에 따라 격투기 특유의 다이나믹한 역동성이 자취를 감추면서 재미가 없다는 평가에 시달려왔고 일각에서는 이러다가 올림픽에서 퇴출당하는 게 아니냐는 우려가 공공연한 실정이었습니다. 이선수는 올림픽 출국 전 "태권도도 재미있다는 것을 보여주겠다"라고 약속했고 실제 끊임없는 공격형 태권도를 선보여 많은 갈채를 받았습니다. 특히, 동메달 결정전에서는 승리가 확정적인 순간에서조차 절룩거리는 부상에도 불구하고 줄기찬 공격으로 차원과 격이 다른 태권도의 진수를 전 세계에 보여주었습니다. 외신들은 하나같이 이대훈 선수에게 엄지손가락을 들어 보이며 찬사를 아끼지 않았습니다.

올림픽 패배 이후 2년 동안 단 한 번도 패하지 않은 이대훈 선수는 2018년 전인미답의 아시안게임 3연패 도전에 나섰습니다. 이 선수는 결승전에서 1라운드 1대4의 열세를 딛고 마지막 라운드에서 회심의 안면 공격으로 역전에 성공, 대망의 3연패 위업을 달성했습니다.

그런데, 이대훈 선수는 누구라도 격할 정도로 승리의 기쁨을 표현하는 게 지극히 정상인 바로 그 순간 승리의 세레머니 대신 역전패의 아쉬움으로 경기장에 주저앉은 상대방 선수에게 먼저 다가갔습니다. 그리고 역전패를 당해 망연자실한 상대방의 어깨를 두드려주며 위로했습니다. 이대훈 선수에겐 자신의 기쁨이 먼저가 아니라 상대방의 좌절을 살피는 것이 먼저였습니다. 상대편을 먼저 존중하는 이대훈 선수의 품격은 승자일 때나 패자일 때나 한결같았고 종주국의 품격과 진정한 무도인의 품위가 3연패의 위업과 함께 경기장을 수놓았습니다.

우리도 한번 잘 살아 보자는 기조가 폐허와 같던 전후의 경제 상황을 눈부시게 바꿔 갈 때 앞만 보고 달리며 열정적으로 달려온 대한민국은 당면한 이슈 해결이 우선이었고 속도를 내야 하는 상황에서 방법은 욕심만큼이나 투박했습니다. 당연히 존중하고 존중받아야 할 가치들이 우선순위에서 밀려났고 필연적으로 품격 또한 후순위일 수밖에 없었습니다. 대한민국은 점점 자랑스러운 세계 속의 코리아로 발전해 왔지만, 지금까지 억눌려 온 온갖 형태의 존중 훼손이 갑질 횡포와 같은 민낯을 드러내면서 수년간 억눌린 대중의 욕구는 더 이상 견

딜 수 없는 임계점에 이르렀고 밑바닥 수준의 품격은 사회적으로 도마 위에 올랐습니다. 정신과 의사이자 뇌과학자인 이시형 박사는 일찍이 '품격'이라는 책을 통해 경제적 성장에 따른 세계 속의 대한민국 위상에 걸맞은 국격이 필요하다고 주장했습니다. 우리의 열정에 이제는 품격을 입혀야 한다는 것입니다.

우리는 지금 품격을 요구하는 시대에 살고 있습니다. 독일의 철학자이자 유명 저자인 '패터 비에리'는 그의 저서 '삶의 격'에서 인간의 존엄성이 품격과 밀접한 관계가 있다고 역설합니다. 저는 이를 끊임없이 인간관계의 영원한 화두로 제시되어온 "존중이 품격의 핵심이구나"라고 이해했습니다. 존중의 미덕으로 살아갈 때 자연스럽게 삶의 격이 튼튼한 축을 이룬다고 믿습니다. 따라서 품격은 고상하고 세련된 풍모에서 나오는 것도 아니고 있는 자만이 갖춰야 하는 기술은 더더욱 아닙니다.

'크레스틴 포레스'는 그의 저서 '무례함의 비용'에서 존중받지 못한 직원의 48%가 고의로 일을 하지 않았고, 66%의 직원들이 이전 대비 저조한 성과를 거두었으며, 78%의 직원들이 조직에 헌신하는 마음이 사라졌다고 설문 결과를 통해 제시하였습니다. 또한 각종 사례를 들어 상대방을 정중하게 대하는 사람들이 빠르게 승진한다고도 하였습니다. 상대방을 존중하지 않는 리더나 구성원들이 조직에 해가 되는 것은 조직의 경쟁력을 대변하는 조직문화에 심각한 악영향을 미치기 때문입니다. 저는 십수 년 동안 강의 현장에서 다양한 교육담당자를 만나 보았습니다. 그런데 교육담당자가 강의를 요청하는 기본적인 자세와 강사를 맞이하는 태도를 보면 그 회사의 품격을 느끼게 됩니다. 회사의 규모나 레벨과 상관없이 격을 갖춘 담당자를 보면 자연스럽게 회사의 품격이 올라가는 것을 느끼게 되고, 반면에 회사의 경쟁력을 깎아 먹는 담당자의 저열한 모습을 대할 때면 회사 전체의 이미지와 품격이 저만치 달아나는 것을 경험하게 됩니다. 결국 조직 구성원의 품격이 곧 조직의 품격을 대변합니다.

눈부신 성취를 통해 부와 명예를 쥔 부러운 사람들이 있습니다. 하지만 왠지 존경심이 들지는 않습니다. 회사를 대표할 만큼 뛰어난 리더십으로 팀의 성과를 이끌어 내지만 차 한잔 함께 하기엔 부담스럽고 솔직히 끌리지도 않습니다. 비범한 열정을 가지고 주목할 만한 성과를 내는 팀원이지만 왠지 정이 가지 않습니다. 그가 품격이 부족하다고 느낄 때 올라오는 도저히 숨길 수 없는 속마음입니다. 제 아무리 뛰어난 역량을 갖추었다 하더라도 역량이 품격까지 커버하지는 않습니다. 존중 없이 품격 없습니다. 존중이 깨질 때 공든 품격도 와르르 무너집니다. 품격으로 거듭날 때 고성과를 거둘 뿐만 아니라 관계 속에서 보다 성숙한 삶을 개척해 나가리라 믿습니다.

IQ — INSIGHT QUESTION

품격있게 일을 하는 사람의 구체적인 모습은 어떤 모습입니까?

품격이 최고를 완성시킵니다

　왠지 다른 격조와 절도 있는 액션으로 주목 받은 영화 킹스맨! 최고의 장면으로 꼽히는 식당 액션신에서 품위 있게 불량배들을 제압한 주인공이 내뱉는 스페셜 한 한마디.

Manners maketh man!

매너가 사람을 만든다!

　수년 전 호날두 선수가 클럽에서 놀다 나와 어둑하고 후미진 골목 모퉁이에서 쉬를 하는 장면이 파파라치에 찍혔습니다. 최고의 선수에겐 민망한 가십거리가 되었습니다. 경기장에서 종종 불같이 화를 내는 그의 다혈질 또한 가끔 여론의 도마에 오르곤 했습니다. 2019년 호날두는 소속팀 유벤투스와 함께 K리그 올스타와 경기를 갖기 위해 우리나라를 찾았습니다. 팬들은 최고의 선수가 펼치는 플레이를 안방에서 볼 수 있다는 기대로 가득했고 특급 스타인 호날두를 직접 보기 위해 경기장을 가득 메웠습니다. 그런데 전반전에 벤치를 지킨 호날두는 후반전에도 경기에 나오지 않았습니다. 팬들은 슬슬 술렁거렸고 마침내 끝까지 그라운드를 밟지 않은 호날두의 노쇼에 나라 전체가 실망과 분노로 가득했습니다. 국내 팬들은 최고의 스타플레이어가 보인 무매너 노쇼에 '날강두 날강도 '라 매섭게 쏘아붙였습니다. 지난 10년 세계 축구계에는 두 개의 태양이 있었습니다. 최고의 선수에게 주어지는 발롱도르를 5번씩 나눠 가진 메시와 호날두입니다 2019년 메시가 수상하면서 메시는 6회 수상 . 이른바 메날두의 시대였고 동시대에 이들을 동시에 볼 수 있다는 건 축구팬으로서 축복이 아닐 수 없었으며 둘 중에 누가 더 최고인지 세계가 논쟁해 왔다고 해도 과언이 아니었습니다. 하지만 스포츠인사이터는 최소한의 기대를 저버린 노쇼의 날강두 호날두를 보면서 더 이상 그를 최고라 부르지 않기로 했습니다. 최고에게서 느껴지는 품격을 도저히 찾아볼 수 없기 때문입니다.

메날두의 뒤를 이을 가장 유력한 스타는 역시 브라질의 축구 영웅 계보를 잇고 있는 '네이마르' 그리고 2018년 월드컵에서 확실히 신성으로 떠오른 프랑스의 '음바페'가 주목받고 있습니다. 2018년 러시아 월드컵 멕시코와의 16강전에서 네이마르가 경기 중 상대 선수에게 살짝 밟히는 일이 벌어졌습니다. 엄밀하게 얘기하면 밟혔다기 보다 경기 중 충분히 일어날 수 있는 약간의 터치가 있었습니다. 그런데 네이마르가 갑자기 총이라도 맞은 사람처럼 과다한 액션으로 고통스러워하면서 떼굴떼굴 구르기 시작합니다. 누가 봐도 그럴 일이 아닌데다 '시간지연용 엄살이구나' 라는 생각 외에는 달리 설명이 안 되는 액션이었습니다. 영국 BBC 축구 해설위원은 "악어에 물려 팔다리를 잃은 줄 알았다", USA투데이는 "오스카상급 명연기에 소셜미디어가

들끓고 있다"고 전했고 상대편 감독은 '축구의 수치'라고 날카롭게 비판했습니다. 브라질은 2대0으로 승리했고 실제 네이마르는 1골 1도움으로 맹활약을 펼쳤습니다. 하지만 영국의 BBC는 그에게 양 팀 최저 평점인 4.76을 부여했고 네티즌들은 마치 세계가 들고 일어난 듯 국적과 세대를 불문하고 그를 조롱하는 각종 패러디 동영상을 봇물처럼 쏟아냈습니다. 스포츠인사이터가 유튜브를 검색해보니 네티즌들은 상상을 초월하는 떼굴떼굴 구르기 영상으로 그를 희화화 했습니다. 세계의 축구 팬들은 네이마르를 최고의 선수라는 평가 이면에 엄살, 과장, 수치라는 단어들을 부록처럼 새기게 되었고 이는 결국 선수 자신에게 불편한 흑역사로 남게 되었습니다. 음바페 또한 벨기에와의 4강전 후반 추가시간에 시간 지연용의 불필요한 무매너 드리블로 여론의 십자포화를 피하지 못했습니다. 벨기에의 스로인 상황에서 상대 선수에게 공을 건네는 척 하다가 슬쩍 그라운드에 던지고 노골적으로 시간을 끄는 드리블을 한 것입니다. 2018년 러시아 월드컵이 탄생시킨 최고의 상품이라는 그에 대한 수식어는 순식간에 "세계적 밉상으로 제대로 찍혔다"로 바뀌고 말았습니다.

아직 어린 선수들이지만 이들은 평범한 선수가 아닙니다. 역사상 가장 비싼 이적료 1,2위를 차지하고 있는 선수들입니다. 월드클래스를 넘어 최고의 반열에 있는 선수들이라는 것을 고려하면 나이에 관계없이 매너와 품격 또한 최고를 지향해야 합니다. 매너는 최고라면 갖춰야 하고 최고이기에 더욱 빛이 나는 강력한 경쟁력 중 하나입니다. 어디 최고뿐입니까? 매너가 사람을 만든다는 데…. 매너가 무너질 때, 품격이 어긋날 때 상상 이상의 단절이 날카롭게 파고 듭니다.

매너가 사람을 만듭니다.

품격이 최고를 완성시킵니다.

IQ ——— INSIGHT QUESTION

당신의 매너는 10점 만점에 몇 점 정도일 것 같습니까?
왜 그 점수를 주었습니까?

윈윈 / 상생
WIN-WIN

상생의 지혜, 트레이드

유년시절 웬만하면 한번쯤은 접했던 수수께끼 같은 문제가 있습니다. 그 유명한 낙타 17마리를 나누는 문제입니다.

아버지가 세상을 떠나기 전 세 아들에게 유언을 남겼다.

"내가 17마리의 낙타를 물려 줄 터이니 맏이는 절반을 갖고,

둘째는 1/3을 갖고, 막내는 1/9를 갖거라(단, 산 채로 나누어 주어야 하며

낙타 고기로 나누거나 팔아서 돈으로 나누는 것은 허용하지 않는다)."

삼형제는 심히 난감한 상황에 처했는데 17은 2로 나누어떨어지지 않고

3이나 9로 나누어떨어지지도 않는, 아니 애초에 1과 자신으로만 나누어떨어지는

소수이기 때문에 유언에 따라 낙타를 나눈다는 것이 불가능했다.

그렇게 며칠 밤낮을 고민하던 차에 지혜 있는 사람이 그들을 찾아와

해법을 알려 준 덕분에 삼형제는 아버지의 유언대로

낙타를 잘 나눠 가질 수 있게 되었다.

- 문제출처 : 나무위키

어떻게 나누었을까? 현자는 자신이 가지고 있던 낙타 1마리를 빌려줍니다. 그러자 낙타는 모두 18마리가 되었고 그 중 절반인 9마리

를 맏이가, 1/3인 6마리를 둘째가, 1/9인 2마리를 막내가 나누어 가졌고 나머지 한 마리는 현자에게 빌린 낙타를 갚았습니다. 아들들은 아버지의 유언대로 분쟁 없이 유산을 나누었고 모두가 윈윈하는 결과를 도출해 냈습니다. 만약 이 방법이 아니었으면 어떻게 했을까? 누군가 양보하지 않는 한 심하게 다툴 여지가 있고 또 누군가 양보한다면 자기 몫을 일부 포기해야만 합니다. 다툼은 없을지 몰라도 결코 모두가 만족하는 윈윈의 결과는 아닌 것입니다.

스포츠는 경쟁입니다. 경쟁의 메커니즘이 작동하지 않으면 그것은 스포츠가 아닙니다. 경쟁에는 승자와 패자가 있습니다. 가장 노골적으로 위너 승자 와 루저 패자 를 가리는 분야가 바로 스포츠입니다. 비정한 승부의 세계라는 것은 승자가 있으면 패자가 있기 때문입니다. 그러므로 스포츠에서 윈윈이란 영원히 서로 마주볼 수 없는 동전의 양면입니다.

하지만 프로 스포츠에서 윈윈을 추구하는 제도가 있습니다. 바로 트레이드 입니다. 트레이드를 통해 서로의 약점을 보완하고 전력을 보강함으로써 돌파구를 마련합니다. 2017년 기아타이거즈는 한국시리즈에서 우승함으로써 대망의 V11을 달성했습니다. 기아의 우승에는 여러 요인이 있었지만 시즌 중 단행한 SK와의 4:4트레이드가 신의 한수였습니다. SK에서 기아로 유니폼을 바꿔 입은 이명기, 김민식 선수가 주전으로 활약하면서 우승에 큰 보탬이 되었고, 허약한 뒷문 강화를 위해 히어로즈에서 트레이드 해 온 김세현 투수는 우승을 위한 마지막 퍼즐 조각이 되었습니다.

하지만 이런 요긴한 트레이드가 악용된 프로야구사에 최악의 트레이드가 있습니다. 초창기 프로야구를 대표하는 두 명의 투수 최동원과 김시진을 맞바꾼 사건입니다. 축구로 얘기하면 메시와 호날두를 맞바꾼 것과 같고 요즘 선수들로 얘기하면 김광현 선수와 양현종 선수를 맞트레이드 한 것이나 마찬가지입니다.

김시진 선수는 한국 프로야구 최초로 100승을 거둔 투수로서 통산 124승 중 완투 67회, 완봉 16회를 기록하였고 85년 삼성의 통합우승을 이끈 특급 투수였습니다. 불멸의 투수 고 최동원 선수는 세계 야구사에 유래가 없고 앞으로도 절대 일어나지 않을 한국시리즈에서 투수 혼자 4승을 거두며 롯데에 창단 첫 우승을 안긴 말 그대로 부산의 심장이자 롯데의 상징인 선수입니다. 제가 기록을 살펴보니 고 최동원 선수는 롯데에서 6년 동안 매년 평균 215이닝을 책임졌습니다. 마지막 해에 던진 83이닝을 빼면 5년 동안 무려 연평균 241이닝을 던졌고 우승을 차지한 한국시리즈에서 혼자 4게임을 완투했습니다 김시진 선수 또한 삼성 시절 6년 동안 평균 208이닝을 던졌습니다. 무쇠팔이라 불리는 최동원이었지만 속으로는 선수생명을 깎아 먹는 결정적인 원인이 되었던 잔혹한 혹사의 역사가 있었습니다. 요즘처럼 완투를 하는 선수를 찾아보기 힘들고 200이닝을 던지는 선수가 1년에 하나 나올까 말까 하는 세상에 최동원 선수의 불꽃 투혼이 어느 정도였는지 가히 존경스러울 정도입니다. 혹사를 넘어 즉사를 해도 이상할 게 없는 그의 혼을 담은 전력투구는 근성과 패기의 롯데 정신으로 삼아도 될 만큼 기념비적이고 전무후무한 것이었습니다. 그런데 롯데는 1988년 당시 최선수가 프로 야구 선수들의 복지를 위해 선수협의회를 구성하려 하였고, 연봉협상 때 마찰이 일어나자 구단의 상징과도 같은 선수를 잔인할 정도로 다른 구단에 트레이드 시켜버렸습니다. 윈윈의 트레이드 정신을 내팽개친 것은 물론이고 지금까지도 흑역사로 남을 만큼 구단의 볼썽사나운 갑질이었습니다.

스포츠인사이터는 선수와 싸우는 감독이나 구단이 궁극적으로 잘 되는 것을 본 일이 없습니다. 특히 갑의 위치에 있는 구단은 오래된 전통이나 혹은 급조한 방침을 핑계로 혹은 나쁜 선례를 남겨서는 안 된다는 등 온갖 교묘한 수사를 써서 힘으로 선수를 누르는 경우가 다반사 입니다. 프로의 속성상 연봉을 더 받으려는 선수와 적정선에서 마무리 하려는 구단 간에 줄다리기는 너무도 흔한 일입니다. 하지만 모구단은 N선수와 돈 몇 푼 차이로 연봉 협상이 결렬되어 투수 로테이션에 심각한 차질이 생겨 한 해 농사가 꼬일 대로 꼬여 버렸고 N선수 또한 알량한 자존심을 앞세우다가 그라운드에 서지도 못하게 되었습니다. 윈윈은 커녕 구단도 선수도 모두 루저가 되어 버렸습니다. 10개 구단 중 연봉을 가장 많이 지급하는 구단이지만 선수와 싸워 반드시 이겨야만 직성이 풀리는 패턴을 반복함으로써 언제나 따라붙는 것은 부진한 성적과 암울한 꼴찌의 그림자입니다. 애초 양보와 타협의

종착역인 원원의 결과를 염두에 두지 않고 출발하기 때문에 벌어지는 일입니다.

대한민국은 급속한 고도화로 인해 경쟁의 구조도 고착화 되었습니다. 그래서 어떻게든 이겨야 사는 세상이라는 인식이 팽배해졌습니다. 그러나, 인간이 사는 세상에 경쟁은 불가피한 일이지만 위너와 루저가 극명하게 대비되는 제로섬을 지향하는 의식은 결코 함께 성장하는 기반을 형성하지 못합니다. 한때 '승자 독식의 시대'라는 트렌드가 괴롭고도 냉정한 경쟁의 세계를 대변하기도 했습니다. 하지만 우리가 먼저 기억해야 할 것은 승자독식 못지않게 '상생'을 외치는 호소도 끊임없이 제기되어 왔다는 것입니다.

대한민국 프랜차이즈 중 가장 경쟁이 심한 분야는 어디일까? 많은 전문가들이 치킨과 커피 전문점을 꼽습니다. 그런데 치킨 프랜차이즈 중 1위는 예상과 달리 공격적인 영업과 확장으로 가맹점을 폭발적으로 늘려간 B치킨이 아니라 K치킨입니다. 커피 전문점은 그 많은 화려하고 세련된 브랜드들을 제치고 의외로 중저가 시장을 공략해온 E커피 전문점이 수년 째 업계 1위를 달리고 있습니다. K치킨과 E커피 전문점이 극심한 경쟁의 시장에서 각각 1위를 차지한 가장 두드러진 공통점은 가맹점과의 상생을 가장 실질적이고 진정성 있게 추구한 회사라는 점입니다. 원원은 바로 이런 상생의 지혜입니다. 마냥 이기려고만 하는 게 지혜가 아니 듯이 그저 퍼주기만 하고 혼자서 손해를 감내

하는 것 또한 더더욱 지혜가 아닙니다. 최고의 지혜는 나도 좋고 너도 좋고 모두가 좋은 윈윈의 지혜, 상생의 도모입니다. 우리가 두고두고 곱씹어 보아야 할 대목입니다.

코로나가 중국 우한에서 발병하자 정부는 전세기를 띄워 우한 교민들을 국내로 데려왔습니다. 이는 자국의 국민들을 보호하기 위한 당연한 조치였습니다. 교민들은 국내 도착 후 코로나 특성상 2주간 자가 격리가 불가피했습니다. 그런데 정부가 A지역에 있는 시설을 격리장소로 이용하려 할 때 뜻밖에도 A지역 주민들이 반대에 나섰습니다. 함께 살아보자는 상생의 정신이 물벼락을 맞은 듯 초라해 졌고 의외의 반발에 교민들뿐만 아니라 전 국민들이 상처를 입었습니다. 다행히 이후 A지역 주민들의 대승적인 결단과 따뜻한 관심으로 교민들은 무탈하게 격리 기간을 보낼 수 있었고 이는 상호 연대와 나눔으로 전 국민이 코로나 극복에 나서는 신호탄이 되었습니다. 또한, 코로나가 폭발적으로 증가하던 대구 지역의 병실이 부족하자 광주, 부산 등 전국의 지자체는 자신들의 사정도 다급하지만 보다 심각한 대구에 의료 연대의 손길을 내미는 상생의 모습을 보여 주었습니다. 대한민국이 코로나 극복의 모범 국가로 세계의 롤모델이 된 데에는 다양한 이유가 있겠지만 무엇보다도 기꺼이 사회적 거리두기에 동참한 국민들의 상생을 위한 노력이 가장 결정적이었습니다.

삶을 살아가면서 알게 되는 것 중 하나가 자신의 뜻대로 흘러가는 일은 거의 없다는 것입니다. 특히 조직 생활 중 동료간, 상하간, 팀간 갈등은 이해가 상충하다 보면 불가피한 일입니다. 윈윈 즉 상생의 지혜는 이렇게 원하는 바가 서로 다를 때 더욱 빛을 발합니다. 갈등과 다툼이 있는 곳에 절단과 결별의 블랙홀만 있는 것이 아닙니다. 끝장과 막장도 있지만 거기에는 반드시 윈윈의 비상구도 있습니다. 그 비상구를 향해 나아가는 성숙한 당신에게 해맑은 솔루션이 보석처럼 반짝이며 반기게 될 것입니다.

IQ — INSIGHT QUESTION

당신은 윈윈하는 사람입니까?

미국 프로농구 NBA는 1946년 창설 이래 팬들의 꾸준한 인기와 지지를 바탕으로 4대 프로스포츠 중 하나로 자리 잡았습니다. 무엇보다 시대를 대표하는 라이벌 팀의 각축전과 리그를 지배하는 숱한 스타와 영웅들의 활약이 인기를 끄는 결정적 요인이었습니다. 수없이 많은 영웅들이 한 시대를 지배했지만 누가 뭐래도 NBA 역사상 가장 위대한 선수는 논란의 여지없이 단연 '마이클 조던'입니다. 또한 2016년 미국 스포츠 전문 매거진 '스포츠일러스트레이티드'에서 역대 가장 위대한 스포츠 스타 11인을 선정한 바 있는데 1위가 바로 마이클 조던이었습니다. 전문가들은 전 종목 통틀어 영웅중의 으뜸이자 Top중의 Top에 조던을 올려놓은 것입니다. 이유가 무엇일까?

스포츠인사이터가 정의하는 조던은 '황제라는 수식어가 가장 잘 어울리는 선수'입니다. 세계는 그 이전에 보지 못한 조던의 화려하고 우아하면서도 신기에 가까운 농구 기술에 빠져 들었고 실제 농구를 좋아하지 않고 NBA에 관심이 없는 사람들조차 조던의 농구에는 감탄하지 않을 수 없었습니다. 조던은 그만큼 압도적 기량과 독보적인 득점력을 갖고 있었습니다. 때마침 위성방송이 활성화되어 NBA 경기가 전 세계에 생중계 되면서 세상은 조던을 통해 NBA를 받아 들였고 실제 조던은 NBA를 전 세계에 대중화시킨 장본인이었습니다. 당시 NBA의 모든 팀들이 추구해 온 전통적인 방식이 대형 센터를 보유하고 강력한 센터를 중심으로 한 득점 루트를 갖추는 것이었습니다. 조던이 진정 위대하다고 하는 것은 이런 정통 센터가 없는 소속팀 시카고 불스에 3연패의 영광을 두 번이나 안겼기 때문입니다. 하지만 이는 조던이 아무리 훌륭한 선수라 하더라도 팀플레이 특성상 혼자서는 불가능한 일이었습니다. 그의 곁에는 조던의, 조던에 의한, 조던을 위한 지구상 최고의 서포터 피펜이 있었습니다.

난 득점에만 신경 쓰면 되었다.

나머지는 피펜이 다 알아서 해준다.

- 마이클 조던

피펜은 조던보다 3년 늦게 시카고 불스에 입단했는데 입단 당시에는 그저 평범한 선수에 가까웠습니다. 향후 농구의 역사를 바꿔 놓을 천재 조던은 자신의 플레이 파트너로 피펜을 낙점하였고 피펜 또한 조던의 파트너를 자청했다고 합니다. 조던은 동료이자 선배로서 피펜을 이끌어주고 가르치며 그의 기량을 끌어 올렸고 훗날 피펜은 NBA 역사상 최고의 수비수 3인에 뽑힐 정도로 급성장 하였습니다. 역사상 최고의 공격수와 리그 최고의 수비수 조합은 감히 넘볼 수 없는 불스 왕조의 핵이 되었습니다. 그러나 상대 팀이 느끼는 위협은 이게 전부가 아니었습니다. 문제는 조던은 최고의 수비상도 2번씩이나 받을 만큼 수비도 잘했을 뿐 아니라 수비에서도 최선을 다하는 독한 천재였습니다. 당시 리그 최고의 수비수 원투 펀치가 바로 피펜과 조던이었습니다. 피펜은 피펜대로 팀의 제2 공격 옵션으로서 조던에게 치우친 상대 팀의 수비를 농락하듯 경기당 20점 내외를 기록하는 알토란같은 득점력을 과시하였습니다.

> 조던이 혼자가 아니라 피펜이라는 선수와 함께 있다는 것에서
> 우리의 고민은 시작된다.
> - 명장 팻 라일리 감독

조던은 팀의 첫 번째 3연패를 이끌면서 천재에서 황제로 등극하지만 이내 은퇴를 선언하고 야구선수에 도전합니다. 조던이 없는 시카고는 전력의 반 이상을 잃었지만 그래도 건재한 피펜이 있었습니다. 피펜은 조던이 없는 팀에서 에이스로 활약하며 득점 랭킹 8위에 오를 만큼 정상급 공격력을 보여줍니다. 이를 통해 그는 결코 조던에 의존하는 선수가 아니라 혼자서도 훌륭한 플레이어라는 것을 입증하였고, 세상은 다시 한 번 그가 조던과 함께 한 시절 자신의 공격 본능을 자제하고 조던의 조력자로서 수비와 어시스트에 집중한 헌신적인 플레이어였다는 것을 인정하게 됩니다.

그런데 안타깝게도 피펜은 후보 선수보다도 낮은 연봉을 받는 선수

였습니다. 구단 입장에서는 최고의 가성비를 보여주는 선수였지만 피펜은 어쩔 수 없이 트레이드를 요청하기에 이릅니다. 이 무렵 잠시 야구와 외도를 하던 황제 조던이 컴백했고 그가 제일 처음 한 일은 피펜의 잔류를 설득한 것이었습니다. 마침내 이들은 우리가 알던 그 환상의 조합으로 다시 한 번 리그 3연패의 위업을 달성합니다. 조던은 피펜의 지원으로 황제다움을 선보였고 피펜은 자신의 궂은일을 덜어 주는 조던 덕에 공수 양면에서 맹위를 떨치면서 NBA 역사상 가장 위대한 조연이자 가장 위대한 스몰 포워드로 자리매김하게 됩니다. 이들은 각기 혼자서도 훌륭한 선수들이었지만 강력한 윈윈의 조합을 통해 NBA역사상 최고의 황금 콤비를 넘어 전 종목 통틀어 가장 환상적인 파트너십을 보여준 윈윈의 롤모델이 되었습니다.

조던은 2009년 명예의 전당에 오릅니다. 스포츠인사이터는 이 영광의 시상식을 영상으로 확인해 보았습니다. 시상대에 오른 황제는 감격에 겨워 눈물을 훔치면서 말을 잇지 못하다가 무려 14분 동안 자신에게 영향을 주었던 사람들에게 감사를 전하는데 그 첫 번째 인물이 바로 황제의 파트너 '스카티 피펜'이었습니다. 이듬해 피펜 또한 명예의 전당에 올랐고 ESPN은 NBA역사상 가장 위대한 50인의 자리 중 하나를 기꺼이 피펜에게 허락하였습니다. 이로써 기록이 얘기하지 않는 기록 이상의 가치를 가진 피펜의 파트너십은 영원한 조던의 그림자로 역사에 남게 되었습니다.

윈윈은 서로가 가장 높이 오를 수 있는 곳까지 비상할 수 있게 하는

엔진과도 같습니다. 윈윈의 롤모델이자 가장 강력한 브로맨스의 상징
이 된 조던과 피펜, 그들의 스토리에 촘촘히 박혀있는 윈윈의 Sprit이
야말로 자신은 물론 세상을 풍요롭게 하는 축복의 날개임을 잊지 않
기로 합니다.

관대
GENEROSITY

사람을 끄는 치명적인 매력

스포츠의 세계에는 챔피언이 있습니다. 어느 종목이나 한 시절을 평정했던 챔피언의 위상은 가히 우열을 가리기 힘들 정도로 강력했고 모두의 기억과 기록에 강렬하게 남아있습니다. 그렇다면 전 종목 통틀어 가장 파워풀하고 강렬한 인상을 주었던 챔피언을 뽑으라면 누구를 꼽을 수 있을까? 위대함이 아니라 강력함에만 주목한다면 스포츠인사이터는 단연 복싱의 '마이크 타이슨'을 첫 번째로 꼽습니다.

타이슨은 데뷔 후 37연승, 19연속 KO를 거둘만큼 고도의 기량과 무시무시한 파워를 겸비한 인간의 세상에 나올 수 없는 역대 가장 강력한 선수로 평가받았습니다. 그는 강력한 핵펀치와 마치 경량급을 보는 듯한 헤비급 역대 최고의 스피드, 100키로 이상의 중량에도 타고난 유연성과 스텝을 갖추었고 탄탄한 하드웨어만큼이나 맷집과 방어 능력도 뛰어난 한 마디로 인간이라기보다는 짐승 같은 선수였습니다.

타이슨의 어린 시절은 불우했습니다. 가난과 폭력으로 얼룩진 유년 시절을 보냈고 고작 12살에 무려 38번이나 체포됩니다. 타이슨은 소년원에서 복역 중 그의 타고난 복싱 재능을 알아본 위대한 스승 '커스 다마토'를 만나게 됩니다. 커스는 타이슨을 집으로 데려가 양아버지를 자처하면서 복싱을 가르쳤고, 불행한 어린 시절에 겪은 마음의 상처를 이해하고 따뜻한 훈육을 통해 타이슨의 정신적인 성장에도 도움을 주었습니다. 타이슨이 학교를 가기 싫어하자 가정교사를 불러 주었고 타이슨이 좋아하는 위인전을 사주면서 독서를 장려했습니다. 자신의 방식이 아니라 타이슨이 좋아하는 방식대로 길을 열어 주었고 끊임없이 칭찬과 격려를 아끼지 않았습니다.

타이슨이 약관 20세에 챔피언 벨트를 차지한 후 링위에서 가진 인터뷰에서 "오늘 경기를 저의 위대한 후견인 '커스 다마토'에게 바칩니다. 분명 하늘 위에서 웃으며 내려다보면서 모든 파이터들에게 말하고 있을 겁니다. 내 새끼가 해 냈다고…"라며 1년 전 세상을 떠난 스승 커스 다마토를 떠올렸습니다. 하지만 위대한 스승 커스가 세상을 떠나자 챔피언에 등극한 타이슨은 마치 사치와 방탕에 굶주린 향락의 공룡처럼 유흥에 탐닉함으로써 역사상 가장 강렬했던 전성기를 보낸 만큼이나 급격한 속도로 몰락의 길에 접어들었습니다. 많은 전문가들이 타이슨 곁에 커스가 있었다면 복싱의 역사가 달라졌을 것이라고 얘기합니다. 그는 혹독한 연습을 강조하고 훈련에 엄격한 복싱 트레이너였지만 실상 자상하고 따뜻했으며 불우한 제자들에게 자비를 털어 운동에 전념할 수 있도록 살폈습니다. 타이슨 이전에 전설로 기록되는 '플로이드 패터슨'과 '호세 토레스' 또한 커스의 따뜻한 훈육을 통해 열악한 환경과 불량했던 과거를 딛고 챔피언이 될 수 있었습니다.

불행한 환경에서 자라난 사람들은

필연적으로 아주 무섭거나 치욕적인 일들을 겪는다.

그 상처들은 그들의 재능과 인성 위에 막을 한 겹씩 한 겹씩 형성해

위대한 인간으로 성장하는 걸 막는다.

선생으로서 해야 할 일은 그 막들을 걷어내 주는 것이다.

- 커스 다마토

그는 선수의 장단점을 파악하는 예리한 눈, 선수에게 자신감과 영감을 불어넣는 힘, 타이슨에게 전수한 가드를 턱 위에 바짝 붙이고 상체를 좌우로 흔들며 파고드는 '피커부' 스타일을 만들어 낼 만큼 이론에도 해박했습니다. 하지만 단지 챔피언을 길러내는 능력자를 넘어 그를 위대한 지도자로 기억하는 것은 그의 지도 역량과 철학 전반에 흐르고 있는 그의 따뜻함 때문입니다. 한마디로 그는 관대한 지도자였고, 넉넉하고 후한 성품의 소유자였습니다. 선수를 위해서라면 자신의 사비를 아끼지 않았고 선수 한 명 한 명을 진심으로 대하면서 권투 기술 외에도 삶을 살아가는 지혜를 가르쳐 주려 애쓴 복싱계의 영원한 사부였습니다.

반면 커스 다마토와는 전혀 다른 차원의 이미지로 한 시대를 대표한 경영인이 있었습니다.

자신과 뜻이 맞지 않거나 실적을 내지 못하는 임직원들에게

"나가라"고 말하는 것이 자비로운 일이다.

- GE 전 회장 '잭 웰치'

안타깝게도 잭은 자신의 경영 철학을 실전에 그대로 적용하는 지독스러울 정도로 강력한 실행주의자였습니다. 회장 취임 후 5년 동안 11만 명을 해고했고, 매년 실적 하위 10% 직원을 내보냈으며 멀쩡한 부서와 사업부를 느닷없이 매각하거나 폐쇄해 버렸습니다. 단지 세계 1위가 될 수 없다는 이유에서 입니다. 잭의 이러한 철권 경영에도 할 말이 없는 것은 그가 회장에 재임한 20년 동안 회사의 가치는 수십 배 올라 GE는 세계에서 가장 가치 있는 기업에 등극하였으며 매출 규모도 279억 달러에서 1,500억 달러 이상의 거대 기업으로 성장했기 때문입니다. 그에게는 당연히 20세기 최고의 경영자라는 수식어가 따라붙었습니다. 그렇지만, 그는 '피도 눈물도 없는 중성자탄'이라는 별칭으로 더욱 유명했으며 이로 인해 과단성 있고 단호하게 밀어붙인 철의 경영을 이끈 불도저 이미지는 결코 떼어낼 수 없는 그림자가 되었습니다.

그런 잭웰치가 퇴임 후 10년이 지난 2015년 국내 일간지와의 한 인터뷰에서 리더에게 필요한 것은 '관용의 유전자' 즉 관대함이라고 밝혀 적잖이 충격을 주었습니다. IT의 급속한 발달과 모바일이 이끄는 세상의 변화에 대응하기 위해서는 직원의 창의력이 필수적이므로

구성원들이 성과를 내지 못하더라도 질책하지 말고 기다려야 한다는 것입니다. 또한 노력 자체로 칭찬받는 분위기를 조성하고 과감히 권한을 위임함으로써 자유롭고 창의적인 조직문화를 형성하는 것이 무엇보다 중요하다고 강조했습니다. 한 시절 경영의 아이콘이자 수많은 경영자의 우상이었고 성과 지향의 엄격한 카리스마와 불도저 경영의 산 증인이 시대의 변화를 짚어낸 처방전이란 분명 자신이 재임시절 펼쳤던 경영철학과는 완전히 배치되는 것이었습니다.

잭 웰치의 진단처럼 분명 세상은 빠르게 변했습니다. 스마트한 세상을 넘어 기계에 인간의 뇌가 들어간 인공 지능의 시대가 왔습니다. 잭의 견해대로 창의와 공감이 핵심 경쟁력으로 각광받고 있는 시대에 관대함은 창의와 공감을 견인하는 지렛대와도 같습니다. 그런데, 관대함은 꼭 변화된 세상에 적응하기 위해서 중요한 게 아니라 어느 시대에나 요구되는 변치 않는 가치였습니다. 개개인의 삶이 우리라는 공동체를 이루며 살아가는 관계와 주고받는 상호 영향력 속에 성장해 간다는 것을 고려하면 관대함의 아우라는 인간을 인간답게 대하는 지극히 인간적인 면모입니다.

커스 다마토의 관대함은 유년시절부터 일그러진 타이슨의 삶 속에 가려져 있는 싱싱한 가능성을 발견하게 해주었습니다. 이처럼 관대함은 우리의 시각을 확장 시켜주는 줌과 같습니다. 한 쪽 면만을 보는 것이 아니라 다양한 관점을 보고 수용의 각도를 예각에서 둔각으로 돌려놓는 회전의 힘이 있습니다. 아무리 어렵고 막막한 일이 주어져도 불안해하지 않고 차근차근 문제를 풀어가는 유연함이 있습니다. 기품 있는 면모에서 느껴지는 우아함이 아니라 그냥 넉넉해서 좋은 따뜻함이 있습니다. 그러나 관대함이 마냥 너그럽고 착하고 좋은 게 좋은 거라고 유야무야 넘어가는 것을 의미하지는 않습니다. 관대함이 차가운 지성과 냉철한 판단보다 중요하다는 의미도 아닙니다. 또한, 관대한 사람이 엄격하지 말라는 법도 없습니다. 다만 관대함이 필요한 순간에는 관대할 줄 알아야 합니다. 특히, 누군가의 실수를 관대하게 바라보는 포용의 자세는 첨단의 시대에 필요한 창의를 자극하는 훌륭한 디딤돌이 됩니다. 자신의 실수에는 엄격하고 타인의 실수에는 관대한 사람이 진정 성숙한 사람입니다.

우리는 똑똑한 사람에겐 박수를 치고, 현명한 사람에겐 감탄하고, 관대한 사람에겐 다가갑니다. 나를 밀어내는 사람보다 나를 보듬는 사람에게 끌리는 세상의 이치를 어찌하겠습니까? 관대함 이야말로 사람을 끄는 가장 치명적인 매력입니다.

IQ — INSIGHT QUESTION

관대한 사람은 성숙한 사람입니까?
그렇게 생각한다면(생각하지 않는다면) 이유는 무엇입니까?

제가 회사를 다닐 때였고 둘째 아이가 유치원을 다닐 때였으니 약 15년 전 일인 것 같습니다. 주중에 쌓인 피로를 늦잠으로 풀고 아침 겸 점심을 위해 동네에서 입소문이 난 해장국집에 갔습니다. 시래기를 듬뿍 넣어 푸짐하고 약간 매운 듯 시원하게 끓여 낸 해장국은 아이들도 좋아해서 자주 찾던 곳이었습니다. 그날도 국물 맛은 변함이 없었습니다. 하지만 밥을 말려고 하는데 밥에서 미묘한 잡냄새가 났습니다. 경험적으로 오래된 밥에서 나는 누구나 알 수 있는 냄새였습니다. 다른 테이블에서 눈치 채지 못하게 종업원을 불러 조심스럽게 얘기했습니다. 그런데 뜻밖에도 그녀는 놀라는 기색도 없었고 미안해하는 눈치도 아니었으며 결정적으로 밥에 문제가 없다는 식으로 반응했습니다. 갑자기 화가 확 올라왔습니다. 밥이 문제가 아니라 손님의 불만을 대수롭지 않게 받아들이는 그녀의 태도가 여간 짜증나는 게 아니었습니다. 왈가왈부 옳고 그름을 따지다가 평화로운 주말 아침의 단상이 깨진 거울처럼 금이 가고 말았습니다.

그런데 문제는 아이에게 비친 아빠의 모습이었습니다. 아들은 식당에서 종업원에 호통 치는 아빠가 불편했고 나무라듯 엄하게 얘기하는 아빠의 표정에서 왠지 모를 거부감을 느낀 것 같았습니다. 아들은 그 이후에도 오랫동안 잊혀질 만 하면 한번씩 '해장국집 사건'을 소환했고 거기에는 식당에서 제발 꼰대 짓 하지 말라는 아들의 작은 호소가 담겨 있었습니다.

2016년 두 여성이 메이저리그 경기를 관전 후 귀가 중 고속도로에 막 진입하려는 순간 꽉 막힌 상황을 발견하고 급하게 브레이크를 밟았습니다. 하지만 앞 차를 들이받는 교통사고를 피하지는 못했습니다. 사고에 놀란 여성들은 피해자가 내리는 순간 더더욱 경악을 금치 못했습니다. 앞 차에서 내린 피해자는 당시 지구 최고의 투수라 불리는 LA다저스의 '클레이튼 커쇼'였습니다. 커쇼는 당시 다저스의 에이스로 활약하면서 사이영상을 세 번이나 수상하였고 MVP까지 차지한 리그 최고의 투수였으며 은퇴 후에도 역사에 길이 남을 전설의 투수로 기록될 것이라는 평가를 받고 있었습니다. 당연히 그의 몸값은 천문학적인 액수였고 리그 우승을 좌우할 만큼 대투수가 뒤에서 받침으로써 그의 부상 여부가 초미의 관심사가 될 만한 사건이었습니다. 커쇼는 다행히 다치지 않았지만 느닷없는 사고에 보험사를 부르고 도로 위에서 꼼짝 없이 수습을 기다려야만 했습니다. 누구라도 짜증이 날 만한 순간이었습니다.

하지만 커쇼는 달랐습니다. 커쇼는 보험사를 기다리는 동안 다저스의 지역 라이벌인 에인절스의 유니폼을 입은 가해자 여성들이 대담하고도 뻔뻔하게 사진을 찍자고 요청해도 유쾌하게 사진 촬영에 응하며 시종일관 친절하게 대하는 관대함을 보여주었습니다. 평소 마음씨도 야구 실력만큼이나 따뜻하다는 평가를 받는 커쇼의 진면목이 환하게 모습을 드러내는 순간이었습니다. 스포츠인사이터는 지금까지 자동차 접촉 사고 당사자들끼리 서로 웃는 경우를 본 적이 없습니다. 참으로 훈훈한 장면이고 유쾌한 반전이자 따뜻한 스토리가 아닐 수 없습니다. 여성은 SNS에 자신이 사고를 낸 피해자가 커쇼임을 알렸고 커쇼와 함께 찍은 사진을 인증 샷으로 남겼습니다. 커쇼의 친절함과 관대함이 전 세계적으로 인증을 받는 순간이었습니다. 사진에는 "지구 최고의 투수가 맞네"라고 생각할 만큼 커쇼의 실력을 더욱 더 빛나게 하는 따뜻한 미소가 가득했습니다.

의류업체 CEO인 '브렌다 반스'가 한 레스토랑에서 고객과 함께 비즈니스를 논의하고 있었습니다. 그런데, 웨이터가 서빙 중 실수로 고객에게 와인을 쏟는 일이 벌어졌습니다. 옷을 버린 고객은 불같이 화를 내며 큰 소리로 대뜸 사장을 데리고 오라고 사납게 몰아 붙였습니다. 이를 본 브렌다 반스는 당장 거래를 취소했습니다.

웨이터나 부하 직원을 쓰레기처럼 취급하는 사람에게 무엇을 기대할 수 있겠어요.
상대에 따라 대하는 태도가 달라지는 사람과는
가급적 비즈니스를 하지 않는 게 원칙이에요.

- 브렌다 반스, *의류업체 CEO*

그런데 위와 비슷한 상황에 있던 '데이브 굴드'는 똑 같은 상황에서 전혀 다른 경험을 하게 됩니다. 그의 비즈니스 상대방은 마침 아침에 샤워를 못했는데 잘됐다며 양복도 사실 싸구려니까 너무 신경 쓰지 말라고 웨이터를 안심시켰고 이를 본 굴드는 그 자리에서 계약을 체결했다고 합니다.

> 실수한 웨이터를 웃음으로 용서하는 것을 보고
> 그가 어떤 사람인지 알 수 있었어요. 저는 그와 즉각 거래를 시작했죠.
>
> *- 데이브 골드, IT업체 CEO*

미국 방위사업체 CEO인 '빌 스완스'가 주장한 '웨이터의 법칙'에 나오는 이야기 입니다. 웨이터에게 불친절한 사람은 절대 좋은 사람이 아니라는 그의 주장은 많은 사람들을 뜨끔하게 만들었고 사람을 알아보는 그럴싸한 기준을 제시했습니다. 또한, 사람들은 '웨이터의 법칙'만 있는 것이 아니라 리더의 법칙, 팔로어의 법칙, 동료의 법칙, 선후배의 법칙, 시어머니의 법칙, 며느리의 법칙, 경비원의 법칙 등등 사람이 사는 세상에 지위와 입장에 따라 수많은 법칙이 있다는 것을 알게 되었습니다.

실수한 웨이터에게 관대하다는 것은 무슨 의미일까? 그 안에 깃든 삶과 사람에 대한 철학은 과연 무엇일까?

'해장국집 사건' 이후에도 가족들과 외식 중 저의 깐깐함은 마치 예열을 마친 버너처럼 항시 대기 모드였습니다. 또 다른 사건으로 얼룩진 시간들이 사마귀처럼 돋아 있습니다. 나는 그리도 엄격하게 고객의 권위를 지켜야만 했던 걸까? 아들이 늦은 밤 치킨이 먹고 싶다고 할 때 왜 좀 더 따뜻하고 관대하게 받아들이지 못했을까? 아내가 실수로 다른 셔츠를 데려 놓았을 때 그게 뭐 죽고 사는 문제라고 그리 짜증을 냈을까? 저에게 관대함이란 평생 깨어 있어야 할 삶의 과제입니다. 관대함… 성숙한 삶의 여정을 위한 지도로써 안쪽 주머니에 잘 접어 깊이깊이 넣어 둡니다.

동기부여
ENERGIZE

뾰족한 턱만큼이나 날카롭게 돌아가는 방망이와 두꺼운 팔뚝에서 뿜어내는 시원한 장타, 게다가 팀의 분위기 메이커로서 언제나 파이팅 넘치던 공격형 포수의 전형이자 왠지 이름만 들어도 흥이 나고 에너지가 넘치던 영원한 오버맨 '홍성흔' 선수를 기억하십니까?

홍성흔은 1999년 두산 당시 OB베어스 에 입단하여 신인상을 거머쥐었고 선수경력 18년 동안 6번의 골든글러브 수상 및 통산타율 3할 이상 3할1리 , 우타자 최초 2,000안타를 기록한 대단한 선수였습니다.

홍선수는 두산의 간판 선수였지만 2009년 FA자격을 얻어 2012년까지 롯데 유니폼을 입었습니다. 롯데 시절 홍선수의 기량은 절정에 올라 가장 화려한 전성기를 보냈습니다. 팀을 4년 연속 포스트 시즌에 올려놓았고 이 기간 3번의 골든글러브를 수상합니다. 이후 다시 두산으로 복귀했지만 롯데 팬들 또한 홍성흔을 여전히 최고의 선수 중 하나로 기억하고 있었습니다. 이런 홍선수의 커리어를 고려해 두산 구단은 2017년 4월30일 대 롯데전을 앞두고 홍선수의 은퇴식을 가졌습니다.

그런데 은퇴 기자회견에서 홍성흔은 메이저리그 코치에 도전하겠다고 선언했으며 당시 그의 신분은 이미 '샌디애고 파드리스' 루키팀의 인턴 코치였습니다. 스포츠인사이터는 사실 메이저리그 코치에 도전한다는 그의 얘기를 듣고 어쩌나 그 바람이 공허한 헛손질처럼 느껴지는지 괜히 민망할 정도였습니다. 하지만, 인턴코치가 된 지 6개월 만에 홍성흔은 구단으로부터 정식 코치를 제의 받았습니다. 그것도 단장이 직접 제의했다고 하는데 이는 굉장히 이례적인 일로써 미국 현지에서도 놀란 기적에 가까운 쾌거라고 합니다.

그런데 세상에 모든 일이 그렇듯이 홍성흔의 쾌거는 그냥 주어진 것이 아니었습니다. 실제 현지에서 홍성흔의 노력은 남달랐습니다. 코치로서 선수를 지도하고 운동장의 분위기를 살리기 위해서는 선수시절보다 더욱 더 열심히 운동을 해야만 했습니다. 그의 별명은 "I got it." 영어가 서툴러 잘 못 알아 들어도 무조건 "I got it"이라며 행동으로 옮겼고, 짧은 영어를 만회하기 위해 불철주야 영어수업에 매진하는 열정을 보여주자 구단 관계자들은 이방인에 대한 배타적 시각을 긍정적으로 바꿔 가기 시작했습니다. 특히, 홍성흔 특유의 오버 기질은 많은 사람을 웃게 만드는 비타민 역할을 한 것으로 보입니다. 한 동료 코치는 어린 선수들에게 홍성흔이 항상 입에 달고 다니는 말이 바로 "Keep fighting"이라고 전하면서 짧은 시간에 긍정 에너지의 아이콘으로 자리매김한 홍성흔 선수에게 엄지를 치켜세웠습니다.

홍성흔 스스로도 무조건 뛰어 다녔고 말은 잘 안 통하지만 젊은 선수들에게 파이팅을 외치면서 긍정적인 기운을 팍팍 실어준 결과라고 합니다. 홍성흔 특유의 들이대는 적극적 에너지와 긍정성 그리고 상대방의 에너지를 부팅시켜주는 파이팅은 어린 선수들일수록 야구를 보다 재미있고 즐겁게 인식해야 할 필요가 있다고 생각하는 구단의 방향과 절묘하게 맞아 떨어졌습니다. 야구의 본고장에서도 모두에게 밝은 에너지를 선사하는 한국산 비타민 코치가 필요했던 것입니다.

글로벌 컴퍼니 GE가 중요하게 다루었던 리더십의 요소 5E 중 하나가 바로 Energize 에너자이즈 입니다. 리더로서 부하직원에게 에너지를 주어야 한다는 것입니다. "나를 따르라"는 용장의 카리스마와 단기필마의 정신으로 앞장서서 끌고 가는 주도적 리더십이 대세일 때가 있었고 지금도 조직의 상황에 따라 우선적으로 필요할 때가 있습니다. 하지만 리더와 팔로어가 소통하고 공감하며 조화롭게 가야 하는 작금의 시대적 요구는 리더를 따르는 길이 끌려 다니는 듯 고달프고 괴로운 길이 아니라 힘들더라도 함께 하는 기쁨과 에너지로 충만해야 된다는 것입니다. 조직은 이제 구성원에게 생기와 활력을 불어 넣는 리더를 원하고 있습니다. 건강한 조직문화가 성과의 디딤돌이 되기 때문입니다.

그런데 이게 비단 리더에게만 해당되는 덕목일까? 우리가 함께 차를 타고 가다 주거니 받거니 신나게 얘기하다 보면 지루할 것만 같던 그 먼 거리를 시간 가는 줄 모르고 가다가 어느새 "벌써 도착했네!"라고 놀랄 때가 있습니다. 에너자이저가 주는 느낌이 딱 이렇습니다. 친구나 동료가 힘들 때 즐겁고 신나게 갈 수 있게 에너지를 주는 사람,

이런 에너자이저들은 자신만을 살피는 것이 아니라 주변 사람을 위해 자신의 에너지를 나눠줌으로써 상대방의 의욕을 자극합니다. 이는 이타적인 삶을 실천하고 다른 이에게 선한 영향력을 미친다는 점에서 상당히 성숙하고 높은 의식입니다.

변방의 코리아에서 야구 좀 했다는 한 선수가 코치 연수를 받던 중 그들을 사로잡은 건 선수들에게 긍정적 기운을 심어준 홍성흔 특유의 파이팅이었다는 것을 주목할 필요가 있습니다. 홍성흔 코치에게는 에너자이저의 자격을 줄 만한 'I got it.'과 'Keep fighting'이 있었습니다. 이와 같이 에너자이저의 아우라는 타고난 기질에서 비롯되는 것이 아니라 홍코치처럼 상황을 긍정적으로 수용하고 긍정의 힘을 불어넣는 가열찬 노력을 통해 드러나게 됩니다. 어느 곳에서나 누구에게나 긍정적 에너지를 심어주는 것이 얼마나 귀한 자원인지를 홍코치를 통해 실감하게 됩니다.

스포츠인사이터는 감히 장담합니다. 언젠가 선진 야구의 시스템과 코치를 경험한 홍코치가 아마도 메이저리그 코치 출신 프로야구 감독의 타이틀을 가지고 국내에 복귀하리라는 것을….

IQ — INSIGHT QUESTION

당신이 누군가에게 자주하는 격려의 말은 무엇입니까?

그 누구도 예상하지 못한 기적이 어떻게 일어나는지 또한 인생의 드라마틱한 전환이 얼마나 큰 파동과 격변의 시나리오를 써 내려가는지 그리고 단 한 사람의 리더가 어떻게 그리 짧은 시간 내에 1억의 국민을 들썩이게 하는지 가장 극명하게 보여주는 '에너자이저'가 있습니다. 한국 땅에서 설 자리를 잃고 야인으로 지내다 불과 4개월 만에 베트남의 영웅으로 등극한 우리의 박항서 감독입니다. 베트남 국민들은 박감독을 국부 '호치민'에 버금가는 최고 영웅으로 평가하는데 주저하지 않았습니다. 호찌민이 누구입니까? 베트남의 혁명가이자 정치가이며 베트남 민주공화국 초대 대통령입니다. 우리나라로 치면 김구 선생님 같은 인물입니다. 실제 베트남 정부는 박항서 감독에게 개인이 받을 수 있는 최고의 영예인 노동훈장을 수여했습니다.

실제 박감독이 써 내려간 인생사와 베트남에서 거둔 성과는 다양한 관점에서 많은 시사점을 줍니다. 특히, 스포츠인사이터에게는 박항서 리더십을 따로 정리하고 강의할 만큼 강렬한 임팩트가 있었습니다. 하지만 우리라고 히딩크를 만나 새로운 리더십을 접하고 축구로 열광하는 순간을 겪어보지 않은 것도 아닌데 베트남은 왜 그렇게 기쁨 이상의 존경과 경외심을 가지고 박감독을 바라보는지 잘 이해가 가지 않았습니다. 베트남을 깨운 에너자이저로서 박항서 감독의 스토리를 이해하기 위해서는 잠시 베트남의 역사를 이해 할 필요가 있습니다.

베트남의 역사는 개화기 대한민국의 역사와 상당히 유사합니다. 1884년 베트남은 프랑스 식민지가 되어 지배를 받다 2차 세계대전이 끝나자 독립을 선언합니다. 1945년 제2차 세계대전의 종전으로 외국 세력이 다시 들어오면서 베트남은 1954년까지 정치적 혼란기를 맞게 됩니다. 1954년 북베트남의 공산당 정권이 프랑스 식민세력을 완전히 패퇴시킨 후, 베트남은 남북으로 갈라지게 되고 이때부터 남과 북이 20여 년간 통일 전쟁을 지속하게 됩니다. 이 때 남베트남의 공산화를 우려한 미국이 1961년 참전하였으나 구소련과 중국의 지원을 받은 북베트남이 1975년 사이공을 함락시킴에 따라 전쟁은 북베트남의 승리로 끝이 났습니다. 이로써 베트남은 세계에서 유일하게 미국과의 전쟁에서 승리를 통해 공산화를 이룬 최초이자 유일한 나라로 기록됩니다. 세계에서 가장 자존심이 강한 나라라는 베트남에 대한 세계인의 인식은 이러한 전쟁의 역사에서 비롯되었습니다. 또한, 베트남 국민들은 그들대로 도저히 이길 수 없는 전력의 열세에도 불구하고 끝까지 포기하지 않고 저항하여 마침내 승리한 민족이라는 자긍심을 뿌리 깊이 간직하게 되었습니다.

베트남에서 축구는 국기와 다름없다고 합니다. 그런데 국력을 겨루는 대리전이라는 축구에서 지난 10여 년간 베트남 축구는 맥을 못 추었고 특히 동남아 라이벌 국가에도 번번이 패하자 국민들은 자존심이 상할 대로 상해 있었습니다. 특히, 국민들은 강팀을 만나면 쉽게 포기하는 듯 무기력한 플레이를 펼치는 대표팀의 경기력이 못내 불만스러웠습니다.

이즈음에 박항서 감독이 지휘봉을 잡았고 체력과 전력의 열세에도 불구하고 끝까지 물고 늘어지면서 동점을 만들고 역전을 만들고 최초의 기록을 써 내려가자 베트남 국민들의 묵혀있던 열망이 들불처럼 번져갔습니다. 2018년 박감독은 지휘봉을 잡은 지 불과 3개월 만에 베트남 역사상 최초로 23세 이하 아시아 챔피언십 결승에 오르는 놀라운 성과를 보여 주었습니다. 비록 연장까지 가는 접전 끝에 아쉽게 준우승에 머물렀지만 베트남 국민들은 이전에 경험하지 못했던 축구로 하나가 되는 일체감을 느낄 수 있었습니다. 경기가 끝난 후 라커룸에서 선수 하나 하나를 위로하던 박항서 감독이 선수들을 모아 놓고 건넨 한 마디가 바로 "절대 고개 숙이지 마라!" 너희들은 최선을 다했으니 절대 고개 숙이지 말고 당당하라는 메시지입니다. 이 한마디에 베트남 국민들은 눌려 있던 민족적 자부심의 심지에 불을 붙이게 됩니다. 베트남이 자랑스럽고 베트남이 얼마나 강하고 질긴 민족인지 선대부터 이어져온 민족적 자부심을 축구에 투영시키면서 전 국민이 하나 된 열망을 가지고 강력하게 연대하게 되는 계기가 된 것입니다. 실제 "절대 고개 숙이지 마라"는 의미가 베트남 고교 논술 시험문제에

나온 것을 비추어 볼 때 박감독의 한 마디가 얼마나 큰 감동을 일으켰는지 미루어 짐작할 수 있습니다.

대다수 부모들이 가지고 있는 공통의 고민이 "어떻게 하면 우리 아이가 공부를 잘하게 할 수 있을까?" 혹은 "어떻게 하면 우리 아이들이 엄마 말을 잘 듣게 할까?" 입니다. 다양한 고민이 있겠지만 아마도 이 범주를 크게 벗어나지 않을 것입니다. 이와 비슷하게 대다수 리더들이 가지고 있는 공통의 관심사 또한 "어떻게 하면 우리 직원들이 열심히 일하게 할까?"입니다. 결국 핵심은 누군가에게 어떻게 에너지를 불러일으킬 것인가 하는 동기부여의 문제로 수렴됩니다.

그가 나와 무슨 관계이든 함께 하는 이에게 내가 에너자이저로서 존재할 수 있다면 이 얼마나 값지고 보람 있는 일이며 의미 있는 삶일까? 이래저래 힘을 실어주는 다양한 방식이 있지만 가장 효과적이고 쉬운 방법은 역시 '말'입니다. 홍성흔 코치처럼 함께 하면서 파이팅을 외치는 바로 그 말입니다. 위로와 축복과 격려의 말은 결코 유통기한이 없습니다. 하지만 격려에도 레벨이 있습니다. 단순히 힘을 내라는 메시지를 넘어 박항서 감독처럼 자부심과 의미를 끌어내는 말은 한 나라의 국민들을 깨우는 울림이 되기도 하고 또 누군가의 가슴에서 영원히 울리는 성장의 북소리가 됩니다.

'수잔 파울러' 박사는 자신의 저서 '최고의 리더는 사람에 집중한다'에서 '동기부여 스펙트럼 모델'을 제시하였습니다. 이 모델에 의하면 차원 높은 동기부여 방식은 성과에 대한 보상이 아니라 일의 가치와 의미를 통해 성취동기를 강화하는 것이라고 하였습니다. 박감독은 베트남 선수들에게 당면한 경기의 승리를 위한 승부욕만을 고무시킨게 아니라 승리의 가치와 의미와 국가대표의 정체성 그리고 베트남의 Spirit을 선수들의 가슴에 불어 넣었습니다. 박항서 감독이 경기장에 들어가기 전 선수들에게 라커룸에서 마지막으로 보내는 메시지는 무엇일까? 이런저런 필승의 수사가 아니라 바로 "우리는 베트남이다!……." 이 짧고 굵은 메시지는 축구를 통해 선수들과 국민들을 하나로 묶는 연결 고리가 되었습니다.

우리 모두는 격려를 필요로 합니다. 그리고 또 격려를 해줄 수도 있습니다. 누군가에게 힘을 주는 격려는 그가 얼마나 높은 곳으로 안내할지 감히 예단하기 어려울 정도로 어마어마한 잠재력이 있습니다. 실제 누군가의 칭찬과 격려 한 마디로 인해 완전히 다른 삶을 살아가는 사람들이 너무나 많습니다. 하지만 격려는 부모가 자녀에게, 선생님이 학생에게, 코치가 선수에게, 상사가 부하직원에게 하듯이 윗사람이 아랫사람에게만 하는 전유물이 아닙니다. 부하직원도 상사에게, 자녀도 부모에게 칭찬과 격려를 통해 훌륭한 에너자이저가 될 수 있습니다. 우리 자신이 잠재력 그 자체이면서 누군가의 잠재력을 끌어내는 마법의 에너자이저이기 때문입니다. 자신이 갖고 있는 에너자이저의 정체를 과감히 드러내기를 권합니다.

당신에게 가장 힘을 주었던 한 마디는 무엇입니까?
그 말이 당신에게 어떤 영향을 주었습니까?

성찰하는 삶

인간은
자신의 잘못을 인정하기 전에는
절대 변하지 않는다.

- 슈와르츠코프 장군

질문
QUESTION

나는 오늘 팀과 나를 위해 무엇을 어떻게 할 것인가? 왜?

　　그 해 여름 초등학생이던 아들과 단 둘이 휴가를 보내기로 했습니다. 아들과 함께 프로야구 3연전을 관람하기로 약속했기 때문입니다. 광주로 가는 길은 멀었지만 아들이 태어나기 전에 타이거즈가 얼마나 강했고, 어떤 전설적인 선수들이 있었는지 썰을 풀다보니 시간 가는 줄 몰랐습니다. 아들은 2009년 나지완 선수의 끝내기 홈런으로 기아 타이거즈가 V10을 달성했던 추억을 떠올리며 여행의 설렘을 흥분으로 바꿔 갔고 온갖 궁금한 것들을 쉴 새 없이 물었습니다. 오전엔 계곡에서 신나게 놀고 저녁에는 야구장에서 목청껏 응원가를 불렀습니다. 하지만 타이거즈가 3연전을 내리 패하자 아들은 실망하는 기색이 역력했습니다. 돌아오는 길에는 자기가 무슨 감독인양 다른 구단 선수들과 타이거즈 선수들을 자기 마음대로 트레이드하고 있었습니다.

　2015년 기아 타이거즈는 추락한 성적으로 인한 어수선한 팀 분위기를 끌어올리기 위해 김기태 감독을 선임했습니다. 김감독은 동행을 강조하면서 특유의 형님 리더십으로 선수들에게 다가갔습니다. 김감독에 대한 호불호는 퇴임 후에도 여전하고 평가도 분분하지만 당시 그는 선수의 의욕을 자극하고 팀워크를 응집하는데 나름 탁월한 리더십을 발휘했습니다. 김감독 부임 후 가장 눈에 띄는 변화가 선수들에게 향하는 질문이었습니다. 덕아웃에서 라커룸까지 가는 통로에 그리고 운동장에 Why와 How에 대한 물음이 계속되었습니다.

나는 오늘 팀과 나를 위해 무엇을 어떻게 할 것인가? 왜?

위와 같은 질문은 선수들에게 자신의 정체성을 비춰보는 거울이 되었고, 그라운드에서 흘리는 땀방울의 의미를 찾는 나침반이 되었으며 팀을 위해 헌신하는 선수들의 마음가짐을 되돌아보게 하는 견제구가 되었습니다. 거울과 나침반을 들고 길을 찾아 나선 호랑이들은 2017년 대망의 V11을 달성했습니다.

인간을 다른 생명체와 구분하는 인간만이 갖는 특징 중 하나가 바로 '호기심'이라고 하였습니다. 다른 종은 존재의 의미와 우주 또는 자신의 복잡성을 궁금해 하지 않습니다. 생존과 관련한 단순한 호기심이 아니라 사안의 근원과 본질을 이해하려는 끊임없는 탐색과 질문은 인간이 만물의 영장이 되는 다리가 되었습니다. 인간이기에 떠오를 수밖에 없는 호기심은 질문을 통해 구체화 됩니다. '왜'라는 질문으로 본질을 관통하고 "어떻게 하면 보다 좋아질까 혹은 더 좋은 방법은 무엇일까"를 찾아갈 때 비범한 발견과 창조의 주인공이 됩니다.

아인슈타인은 "인간이 갖는 신성한 호기심을 절대로 잃지 말라고 조언하면서 중요한 것은 질문을 멈추지 않는 것이다"고 하였습니다. 주자는 "의문이 많으면 많이 나아가고 의문이 적으면 적게 나아간다"고 하였습니다. 질문의 양이 진퇴의 정도를 결정하는 척도인 셈입니다. 가히 동서고금을 막론하고 많은 위인들이 질문을 장려한 데에는 질문에 답이 있기 때문입니다. 생각을 자극하는 최고의 도구가 질문이요 답을 찾아가는 첫 단추 또한 질문입니다.

제가 신입사원 연수 중 인재개발팀의 팀장님께서 오시더니 "우리 회사를 가장 빨리 망하게 하는 미션이 주어진다면 무엇을 어떻게 할 것인가?"라고 물었습니다. 33명의 동기들은 순간 얼음이 되었고 질문의 파문에 사로 잡혀 꼬리에 꼬리를 무는 극한 토론의 장으로 빨려 들어갔습니다. 삼성 이건희 전 회장도 도요타 자동차의 조후지오 회장도 다음과 같이 다섯 번 묻는 것을 강조했습니다.

첫째, 왜 그런가?

둘째, 이 정도로 괜찮은가?

셋째, 무언가 빠뜨린 것은 없는가?

넷째, 당연하게 생각하는 것들이 정말 당연한 것인가?

다섯째, 좀 더 좋은 다른 방법은 없는가?

- 하루10분으로 죽은 점포 살리기 中

조직 구성원의 질문을 막거나 질문을 하지 못하는 조직의 분위기를 만들어 가는 리더는 최악의 리더 중 하나입니다. 마찬가지로 질문하지 않는 구성원은 시킨 것만 하거나 자발과 능동은 집에 놓고 다니는 '프리라이더 Free rider'일 가능성이 매우 높습니다. 스포츠인사이터는 상하 간 동료 간 묻고 답하는 것을 보면 그 조직이 양질의 조직문화를 갖고 있는지 알 수 있다고 생각합니다. 저는 질문이 자유롭고 성실하게 답변하는 조직이 잘못된 사례를 아직 보지 못했습니다.

그런데 질문하기만 하면 모든 것이 해결될까? 질문의 핵심은 '다다익선'일까, '촌철살인'일까? 실제 솔루션의 표지판을 가리키는 질문은 따로 있습니다. 노벨 문학상 수상자 '나기브 마푸즈'는 "대답을 보면 그 사람이 영리한지 알 수 있고, 질문을 보면 현명한지 알 수 있다"고 하였습니다. 질문이 적절하고 현명할수록 더 많은 생각을 이끌고 더 좋은 성과를 견인합니다. 기아타이거즈 선수들에게 건네는 질문은 "팀의 우승을 위해 당신의 목표는 무엇인가?"가 아니라 "나는 오늘 팀과 나를 위해 무엇을 어떻게 할 것인가? 왜?"였습니다. 첫 번째 질문도 의지를 끌어내는 좋은 질문이지만 그 다음 질문은 자신의 존재 이유와 정체성을 반추하도록 안내하는 보다 사려 깊은 질문이었습니다. 우리는 본질을 이해하는 '왜'의 가치를 품을 때 스스로를 돌아보는 힘이 생기고 어떠한 위기가 와도 흔들리지 않습니다. 현실에 안주하지 않으려는 의지를 담아 '어떻게 하면 더 좋아질까'라는 질문과 친해질 때 보다 강력한 스트로크가 작동합니다.

질문은 해결의 문으로 들어가는 비상문이자 더 큰 곳으로 나아가는 통로입니다. 다른 문으로 가지 말고 질문으로 가시기 바랍니다. 질문에 익숙해지고 효과적인 질문을 잘 할수록 당신에게 더 좋은 일이 더 많이 일어날 것입니다.

저는 '스포츠인사이터'입니다.
당신은 누구십니까?

　　그는 흑인이었고 뉴욕 브루클린의 빈민가에서 태어났다. 아버지의 보잘 것 없는 월급으로는 도저히 생계가 어려웠다. 그는 가난과 멸시 속에서 어린 시절을 보냈다. 미래에 대해서 그는 아무런 희망도 품을 수 없었다. 일이 없을 때면 그는 낮은 처마 밑에 앉아 조용히 먼 산 위의 석양을 바라보았다. 조용하고 우울한 모습으로….

　　열세 살이 된 어느 날, 아버지가 갑자기 그에게 낡은 옷 한 벌을 건넸다. "이 옷이 얼마나 할 것 같니?" "1달러 정도요." 그는 대답했다. "너는 이 옷을 2달러에 팔 수 있겠니?" 아버지는 호기심에 찬 눈으로 그를 바라봤다. "멍청이나 그 돈을 주고 사겠지요." 그는 볼멘소리로 대답했다. 아버지의 눈빛은 진실하고 간절했다. "너는 왜 시도해 보려고 하지 않니? 너도 알다시피 우리 집은 형편이 어렵단다. 만약 네가 이 옷을 팔면 나와 네 엄마에게 큰 도움이 될 거야." 그제야 그는 고개를 끄떡였다. "한번 해 볼게요. 하지만 못 팔수도 있어요." 그는 정성껏 옷을 빨았다. 다리미가 없었기 때문에, 그는 손으로 옷의 주름을 펴고 바닥에 펼쳐 그늘에 말렸다. 이튿날 그는 이 옷을 들고 사람들이 많이 모이는 지하철역으로 갔다. 그는 6시간 동안 물건을 사라고 외친 후에야 옷을 팔 수 있었다. 그는 2달러를 꽉 움켜쥐고 집을 향해 달려갔다. 그 후로 그는 매일 쓰레기더미 속에서 열심히 낡은 옷을 찾았다. 그리고 그것들을 깨끗이 손질해서 번화가에 내다 팔았다.

이렇게 열흘 정도 지났을 때, 아버지가 또다시 그에게 낡은 옷 한 벌을 건넸다. "한번 생각해 보렴. 어떻게 하면 이 옷을 20달러에 팔 수 있겠니?" 어떻게 이렇게 낡은 옷을 20달러에 팔 수 있겠는가? 그 옷은 기껏해야 2달러의 값어치 밖에 없어 보였다. 아버지는 그를 격려했다. "잘 생각해 보면 방법이 있을 거야." 고민 끝에 그는 또 한 번 좋은 방법을 하나 생각해 냈다. 그는 그림을 공부하는 사촌 형에게 옷에다 귀여운 '도날드덕'과 '미키마우스'를 그려 달라고 부탁했다. 그리고 부유층 자제들이 다니는 학교 입구로 가서 물건을 사라고 외쳤다. 얼마 지나지 않아 부잣집 도련님을 데리러 온 집사가 자신의 도련님을 위해 이 옷을 구입했다. 그 열 살 남짓한 아이는 옷에 그려진 그림을 굉장히 마음에 들어 했다. 그래서 추가로 5달러의 팁을 주었다. 25달러… 이것은 그야말로 거액의 돈이었다. 그의 아버지의 한 달 월급과 맞먹었던 것이다.

집으로 돌아왔을 때 아버지는 또 다시 그에게 낡은 옷을 한 벌 건넸다. "너는 이 옷을 200달러에 팔 수 있겠니?" 아버지의 깊은 눈은 오래된 우물처럼 그윽하게 빛났다. 이번에 그는 주저하지 않았다. 그는 조용히 옷을 받아 들고 생각에 잠겼다. "어떻게 하면 200달러에 팔 수 있을까?" 두 달 뒤 드디어 기회가 찾아왔다. 인기 텔레비전 시리즈 미녀 삼총사의 여주인공 '파라 포셋'이 홍보차 뉴욕을 방문한 것이다. 기자 회견이 끝나자 그는 곁에 있던 보안 요원을 밀쳐내고 파라 포셋에게 뛰어들어 낡은 옷을 들이밀며 사인을 부탁했다. 파라 포셋은 어리둥절해 하다가 곧 미소를 지었다. 이렇게 순수한 소년의 요청을 거절할 사람은 아마 없을 것이다. 파라 포셋은 거침없이 사인했다. 소년은 까만 얼굴에 하얀 이를 드러내며 웃었다. "파라 포셋 여사님, 이 옷을 제가 팔아도 될까요?" "당연하지! 이건 네 옷인 걸. 어떻게 하든 네 자유란다." 소년은 "우와" 하고 즐겁게 외쳤다. "파라 포셋의 친필 사인이 있는 티셔츠를 200달러에 팝니다." 치열한 가격 경쟁 끝에 한 석유 상인이 1,200달러의 비싼 값을 주고 티셔츠를 구매했다. 그가 집으로 돌아왔을 때, 아버지와 온 가족은 기뻐서 어쩔 줄 몰랐다. 아버지는 감동의 눈물을 흘리며 쉴 새 없이 그의 이마에 입을 맞췄다. "사실 난 네가 그 옷을 못 팔면 다른 사람에게 팔아 버릴 계획이었단다. 그런데 네가 정말로 해낼 줄이야, 정말 대단하구나. 내 아들, 정말 대단해…" 밝은 달이 밤하늘에 떠올라 창문을 통해 부드러운 빛을 비추었다.

이날 밤, 아버지와 아들은 한 침대에 누웠다. 아버지가 물었다. "얘야, 세 벌의 옷을 팔면서 깨달은 게 있니?" "저는 이제 깨달았어요. 아버지는 제게 큰 가르침을 주신 거예요." 그는 감동해서 말했다. "머리를 굴리면 방법이 있다는 사실을 말이에요." 아버지는 고개를 끄덕이더니 또다시 고개를 가로저었다. "네 말이 맞다. 하지만 그건 내 맨 처음 의도가 아니었단다. 나는 그저 네게 알려주고 싶었어. 1달러의 값어치 밖에 없는 낡은 옷조차 가치가 높아질 수 있는데 하물며 우리처럼 살아있는 사람은 어떻겠니! 우리가 삶에 믿음을 잃을 이유는 어디에도 없단다. 우리는 그저 조금 까맣고 조금 가난할 뿐이야. 하지만 그게 무슨 상관이니…." 바로 그 순간 그의 마음속에 찬란한 태양이 떠올라 그의 몸과 눈앞의 세상을 환하게 밝혔다. '낡은 옷조차 가치가 높아 질 수 있는데 내가 날 업신여길 이유가 없지.' 그때부터 그는 열심히 공부하고 운동하며 자신을 단련하기 시작했다. 미래에 대한 희망으로 가득 차서 말이다. 20년 후, 그의 이름은 전 세계 구석구석까지 널리 퍼졌다. 그의 이름은 바로 '마이클 조던'이다.

*출처 : 농구의 황제, 농구의 신 마이클 조던
(플로라 외 다수의 네이버블로그&카페)

IQ — INSIGHT QUESTION

지금까지 당신이 들은 질문 중 가장 기억에 남는 질문은 무엇입니까?
왜 그 질문이 가장 기억에 남습니까?

기본
BASICS

추락하는 미녀새 날개를 잃다

동창회를 가 보면 고교 졸업 이후 처음 보는 반가운 얼굴들을 만나게 됩니다. 이래저래 세월의 더께가 층층이 쌓인 얼굴이지만 그 시절 그 얼굴이 살아있는 모습을 보면 여간 반가운 게 아닙니다. 빠르게 술잔을 비우는 만큼 지난 세월 못 만났던 서로의 근황을 스캔하듯 주고받는데 그랬던 거의 모든 친구들이 제게 묻는 말이 있습니다. "혁수야! 너 아직도 축구하냐?" 모르는 사람이 들으면 제가 축구 선수였는줄 알겠습니다. 돌이켜보니 그때 축구 진짜 진짜 많이 했습니다. 그리고 아마추어에서는 최고라고 자부할 정도로 참 잘했습니다. 군대에서는 더욱 빛이 났습니다. 당연히 대대 대표였고 연대 대표로까지 뽑혀 사단 대회에 참가하기 위해 두 달 넘게 축구 합숙을 하기도 했습니다. 연대 대표로 각 대대의 간판선수들이 20여명 모였는데 순수 아마추어 선수 출신은 저를 포함해 딱 둘 뿐이었습니다. 그들과의 주전 경쟁에서도 타고난 운동 신경은 결코 밀리지 않았습니다. 하지만, 기본기에서는 확실히 차이가 있었습니다. 선수 출신의 안정되고 부드러운 볼 트래핑과 양발을 자유자재로 쓰면서 킥의 파워도 차이가 없는 선수 출신의 기본기는 동네축구에서 다진 실력과는 확연히 다른 클래스였습니다.

우리가 운동을 배울 때 가장 먼저 배우는 것이 무엇입니까? 바로 기본 폼입니다. 탁구나 골프처럼 도구가 필요할 때는 잡는 법부터 배웁니다. 운동 뿐 아니라 전 분야가 그렇습니다. 항상 기본부터 가장 먼저 배우게 되어 있습니다. 기본이 가장 쉬워 서가 아닙니다. 가장 중요하기 때문입니다.

5미터 이상을 뛰어 넘은 이 지구상에 존재하는 단 하나의 여인, 무려 6년 동안 단 한 번도 패배를 기록하지 않은 여인, 세계 신기록을 26회 갈아치운 그야말로 여자 장대높이뛰기의 절대 지존이자 천신 황녀로 군림해 온 미녀새 '이신바에바!'. 인형 같은 미모에 군살 하나 없는 팔등신의 미녀가 바를 잡고 경기장에 나서는 순간 카메라는 바빠지고 연신 탄성이 쏟아집니다. 실력만큼이나 우월한 미모를 가진 이 선수는 올림픽 2연패, 세계선수권 대회 2연패 등 도저히 넘을 수 없는 지존의 면모를 보여주었습니다. 2009년 베를린 대회 역시 이신바에바의 우승을 그 누구도 의심하지 않았으며, 전문가들은 모든 선수들 중 가장 확실한 금메달 후보로 단거리의 제왕 우샤인 볼트와 더불어 그녀를 꼽았습니다. 하지만 패배를 모르던 그녀가 2009년 베를린 세계육상 선수권 대회에서 메달권에도 못 드는 굴욕을 당했습니다. 도대체 그녀에게 무슨 일이 있었던 것일까?

대회당일 대부분의 선수들은 일찍부터 나와 몸을 풀고 결전에 대비합니다. 그런데, 이신바에바는 다른 경쟁자들이 몸을 푸는 사이 명상을 한다며 눈을 감고 가만히 앉아 있으면서 가장 기본적인 스트레칭을 소홀히 하였습니다. 심지어 경기장에 누워있는 장면이 계속해서 카메라에 잡혔습니다. 어느 종목이든 시합 전 스트레칭을 충분히 하는 것은 기본이자 반드시 지켜야 할 불문율입니다. 시간이 가고 경기가 임박할수록 카메라와 관중들의 시선은 절정의 기량을 선보일 세계가 공인한 미녀새의 동작 하나하나에 모아졌습니다. 하지만 그녀는 평소와는 다르게 여전히 느슨해 보였습니다. 몸을 완전히 풀지 않은 상태에서는 천하의 이신바에바도 예외가 아니었습니다. 그녀는 4미터 75센치를 넘어야 하는 첫 번째 시도에서 아예 바 근처에도 가지 못하고 중간에 추락하고 말았습니다. 관중들이 합창하듯 쏟아내는 탄식은 마치 불안의 전주곡같이 들립니다. 하지만 미녀새의 아름다운 비상을 보고 싶어 하는 관중들의 믿음과 응원의 박수는 대회 최고의 하이라이트를 점화하는 불꽃처럼 달아오르고 있었습니다. 곧이어 다른 경쟁 선수가 4미터 75를 가볍게 뛰어 넘자 이신바에바는 1인자답지 않게 당황하고 초조해하기 시작합니다. 아예 1차시기에 실패했던 4미터 75를 건너뛰어 곧장 4미터 80센티에 도전하는 승부수를 띄웁니다. 그러나, 설마 하는 불안은 현실로 닥쳤습니다. 그녀는 2, 3차 모두 연거푸 추락했고 얼굴을 움켜쥐고 오열하는 미녀새의 안쓰러운 장면은 단연 대회 최대의 화제 거리가 되었습니다. 세계 최고의 선수조차 기본에서 벗어나면 얼마나 무기력한 선수가 되는지 여실히 보여준 장면이었습니다.

미녀새의 추락을 목도한 팬들의 안타까운 술렁임이 파도처럼 경기장에 출렁거립니다. '영원한 승자는 없다'는 스포츠의 정수와 기본의 중요성이 거대한 해일처럼 밀려 와 하얗게 부서지고 있었습니다. 그 누구도 기본에는 예외가 없습니다. 천하를 지배하던 이신바에바는 이때부터 고배를 들기 시작하면서 익숙치 않은 패배의 길에 접어 들었고 약 4년의 기나긴 침체기에 빠지게 됩니다. 무관의 세월은 늘어 갔으며, 더 이상 세계 최고라고 부르기엔 하향세가 너무도 뚜렷했습니다. 지금도 여전히 전설이자 불멸의 선수로 기억되는 이신바에바. 하지만, 아쉽게도 미녀새는 어느 순간 기본을 무시했고 안타깝게도 그 대가로 최고의 날개를 잃었습니다. 한때의 자만과 기본의 방기로 인한 추락의 수렁은 그녀의 전성기를 단축시키는 블랙홀이 되고 말았습니다.

기본이 무너질 때 추락은 피할 수 없습니다. 속도도 빠르고 충격도 크고 회복도 쉽지 않습니다. 당연히 유일한 회복의 해법 또한 '기본부터'입니다. 자신의 삶을 구성하는 기본의 페이지를 자주 돌아볼 때 어떠한 외풍에도 흔들리지 않는 튼튼한 뿌리를 갖게 된다고 믿습니다.

IQ ── INSIGHT QUESTION

당신이 속한 조직이 강조하는 기본은 무엇이며 당신이 개인적으로 강조하는 기본은 무엇입니까? 왜 그것을 강조하는 겁니까?

패배할 수밖에 없던 사나이

    2017년 대학 입시를 위한 수능을 치르기 위해 긴장한 수험생들이 문제 하나하나에 집중합니다. 6년 만의 불수능으로 문제는 매우 까다로웠고 고사장의 정적은 더욱 깊어갈 때 느닷없이 휴대폰 벨 소리가 울렸습니다. 한 여학생의 어머니가 딸의 도시락을 쌀 때 실수로 휴대폰이 들어간 게 화근이었습니다. 결국 그 학생은 규정에 의거 부정행위로 귀가 조치되었습니다. 수험생을 둔 대한민국의 어머니들을 안타깝게 한 적잖이 화제가 되었던 사건입니다.

  세상을 바꾸고 인간의 삶을 바꿔 놓은 문명의 이기 휴대폰은 이제 그 놀라운 기능 못지않게 부각되는 부작용을 외면할 수 없게 되었습니다. 문제는 스마트폰에 빠질수록 기본과 멀어질 가능성이 높고 이로 인한 후유증이 상상 이상이라는 것입니다. 수능 고사장의 휴대폰이 실수라면 경기 중에 운동선수가 휴대폰을 갖고 있는 것을 어떻게 설명해야 할까? 씁쓸함을 넘어 중독을 부르는 휴대폰의 마성이 경기장까지 침투하고 있습니다.

  지난 2016년 리우올림픽 펜싱 남자 플뢰레 32강전에서 프랑스의 '앙조 르포르' 선수가 경기 중 휴대폰을 떨어뜨리는 어처구니없는 일이 발생했습니다. 르포르는 두 차례나 유럽 선수권을 제패한 챔피언답게 9대4, 넉넉한 점수차로 여유 있게 앞서가고 있었습니다. 그러나, 상대방의 공격을 피하다가 중심을 잃으면서 뒷주머니에 있는 휴대폰이 바닥에 떨어졌고 순간 급속도로 집중력을 잃은 르포르는 13대 15로 역전패하고 말았습니다.

예상치 않은 패배의 빌미이자 역전의 변곡점이 된 것은 시합 중 떨어뜨린 휴대폰이었습니다. 르포르는 당황하는 기색이 역력했고 이후 속절없이 무너졌습니다. 어쩌면 당연한 패배이자 이기는 것이 이상한 경기였습니다. 보다 엄밀하게 얘기하면 르포르 선수가 이기면 안 되는 경기였습니다. 설사 완연한 실력의 차이로 그 경기는 이길 수 있을지 모르겠지만 휴대폰을 가지고 게임에 임하는 기본을 망각한 선수에게 챔피언의 타이틀은 결코 허락되지 않습니다. 승리의 디자인은 기본을 도외시하고는 절대 펼쳐지지 않는 법입니다.

이제 휴대폰은 카메라, 인터넷, 게임기 등의 기능을 장착하면서 세계 역사에 일대 변혁을 가져온 첨단 문명의 도구로 자리 잡게 되었습니다. 그런 이면에 남녀노소, 동서고금을 막론하고 개인의 몰입에 가장 방해가 되는 생활 밀착형 도구 또한 바로 휴대폰이 되었습니다.

2015년 미국 메이저리그 미네소타 트윈스 '폴 몰리터' 감독은 선수들의 스마트폰 중독 현상이 경기력에 도움이 되지 않는다고 판단하여 스마트폰 사용 규정을 바꾸기로 결심합니다. 경기가 끝날 때까지 스마트폰이나 태블릿 PC를 사용하지 못하게 한 겁니다. "경기 직전까지 모바일 게임에 심취한 선수들이 어떻게 경기에 집중할 수 있겠느냐" 는 것이 몰리터 감독의 생각이었습니다. 그래서 그는 경기가 시작되기 30분 전부터 스마트폰을 감독실과 라커룸 등이 있는 클럽하우스 내에 들일 수 없다는 규정을 만들었습니다. 승리를 목적으로 경기를 앞둔 프로선수들이 해야 할 것은 승리를 위한 서로의 격려와 파이팅, 전술에 대한 각자의 역할과 기대를 나누며 승리의 의지를 팀차원에서 불태우는 것입니다. 그건 기본입니다. 그런데 이런 기본적인 과정이 스마트폰에 갇혀 사라져 버린 것입니다. 실제 미네소타 트윈스 소속팀 투수로 활약 중인 토미 밀론은 "선수들 대부분은 라커룸에서 꼼짝 않고 하루 종일 스마트폰만 만지작거린다"고 털어 놓았습니다. 그리고 스마트폰 금지 규정으로 선수들이 서로 더 많이 소통하게 될 것이라고 긍정적으로 전망했습니다.

2010년 이후 인간 삶의 가장 큰 변화가 바로 스마트폰 소유의 증가라고 합니다. 융복합의 파워가 탑재된 온갖 기기들이 폰으로 일원화되고 대체되면서 인류는 새로운 문명에 빠져들게 되었습니다. 영국의 유력 일간지 '더 가디언'은 청소년기 전체를 스마트폰과 보낸 청소년들의 정신건강이 최악의 위기에 처해 있다고 경고합니다. 뉴욕 타임스 기자 '닉 빌턴'은 2010년 스티브 잡스에게 아이들이 아이패드를 좋아하는지 물었습니다.

우리 아이들은 아이패드를 사용해 본 적이 없습니다.

우리는 아이들이 집에서 전자기기를 사용하는 시간을 제한합니다.

- 스티브잡스 인터뷰 中

더가디언은 2018년 1월12일 기사를 통해 "IT천재들은 자녀의 스마트폰 사용시간을 제한한다"고 밝혔습니다. 그들은 이미 몰입의 훼방꾼들 중 최고의 진상은 바로 스마트폰이라는 것을 명확히 알고 있었습니다.

미국 캘리포니아 대학의 '글로리아 마크'는 일을 할 때 자주 중단되는 현상에 주목하여 노동시간의 양과 몰입도에 대해 연구했습니다. 그의 연구에 따르면 일반적인 직장인이 업무에 전념할 수 있는 시간은 고작 11분에 불과하다고 합니다. 그리고, 다시 원래의 업무로 돌아가는데 25분이 걸린다고 하였습니다. 문제는 11분의 덫에 걸리는 결정적인 장애가 바로 스마트폰입니다. 습관적인 스마트폰 조회, 수시로 울리는 메시지 알람 확인, 일 좀 해볼까 하면 울리는 전화벨 등등 비효율을 양산하는 숙주가 다른 데 있지 않습니다. 그런데 이보다 심각한 것은 스마트폰으로 인한 소통의 단절과 소통 방식의 퇴보 입니다. 과거에는 모이면 이런저런 '스몰 톡'을 통해 자연스럽게 대화가 이루어질 수 있었지만 지금은 다들 자기 폰에 빠져 혼자라도 좋은 유희에 마음껏 젖어 듭니다. 더욱 심각한 것은 대화할 때 수시로 들여다 보는 스마트 폰으로 인해 말하는 화자에 대한 존중이 무너지는 것입니다. 특히, 자신이 상대방 보다 사회적, 심리적 지위가 높은 경우 의도하지 않았는데 자주하는 실수가 대화할 때 스마트폰을 보는 것입니다. 그 결과 상대는 무시당했다고 느끼고 그렇게 마음은 멀어집니다. 지금 이 책을 읽는 독자 중 자신이 얘기하는데 상대방이 나를 바라보아 주지 않았을 때 기분 좋았던 기억을 가진 사람이 있습니까? 대화할 때 상대방을 바라보는 것은 기본 중에 기본입니다. 이 기본이 스마트폰으로 인해 붕괴되고 있습니다.

　기본을 놓치면 균열이 시작됩니다. 대세이자 일상이 되어버린 스마트폰에 나도 모르게 기본과 멀어지고 있지는 않은지, Smart가 아니라 Stupid의 전조가 있는 건 아닌지, 기본을 점검하는 차원에서 수시로 돌아봐야겠습니다.

IQ — INSIGHT QUESTION

조직 생활 중 스마트폰으로 인해 '일'적인 측면에서
그리고 '상호관계' 측면에서 놓칠 수 있는 기본은 각각 무엇입니까?

실수
MISTAKE

퍼펙트게임을 날린 두 사나이

　　지난 2010년 6월 3일 이닝이 거듭될수록 관중석이 조금씩 술렁이기 시작합니다. 마침내 9회가 시작됐고 순식간에 두 명의 주자를 아웃시키면서 9회 말 투아웃, 디트로이트 타이거즈의 투수 '아만다 갈라라가'는 일생일대의 기록을 위해 이제 단 한 타자만을 남겨 놓게 되었습니다. 퍼펙트게임! 단 한 명의 주자도 1루에 진출하는 것을 허용하지 않는, 말 그대로 완벽하게 상대방을 지배하는 투수가 얻을 수 있는 최고의 영예입니다. 대한민국 프로야구에서는 아직 나오지 않은 기록이며 일본에서는 15회, 145년 역사를 자랑하는 미국 메이저리그에서도 겨우 23번 밖에 나오지 않은 대기록입니다. 2010년 당시에는 메이저리그에서 20명만이 달성한 기록이라 인류 역사상 달나라를 밟은 사람이 총 22명인 사실에 빗대어 퍼펙트게임을 달나라 가기보다 어려운 일이라고 퍼펙트의 어려움과 가치를 상징적으로 표현하곤 했습니다.

　　마침내 갈라라가가 마지막 타자를 평범한 내야 땅볼로 마지막 아웃카운트를 잡아냈습니다. 대망의 기록이 작성되고 퍼펙트의 영광을 환호하려는 순간 엉뚱하게도 1루 심판이 세이프를 선언합니다. 하지만 누가 봐도 명백한 아웃이었고 몇 번을 돌려봐도 역시 100% 아웃이었습니다. 감독과 선수들은 격렬히 항의했고, 팬들의 야유는 계속됐으며 다음날 화제는 온통 대기록을 날려버린 심판 '조이스'의 오심에 쏠렸습니다. 심지어 백악관까지 판정을 번복해 퍼펙트게임으로 인정해야 한다는 성명서를 발표했습니다.

조이스 심판은 경기 후 비디오 판독을 보고 허탈했습니다. 조이스는 "내 생애에서 가장 중요한 판정이었는데…. 그 친구의 퍼펙트게임을 내가 날려 버렸다"고 자신의 오심을 인정했습니다. 그리고 라커룸에서 분을 삭이지 못하고 있는 갈라라가를 직접 찾아가 사과합니다. 다음 날 기자회견에서 조이스 심판은 "내 인생에 있어 가장 큰 실수였다. 갈라라가의 퍼펙트게임이 나 때문에 날아갔다"고 눈물을 흘리며 용서를 빌었습니다. 엄청난 오심이자 실수였지만 심판이 자신의 오심을 인정하고 사과하는 기자회견을 자청한 것은 매우 이례적인 일이었습니다. 조이스 심판은 비디오 판독 후 믿기지 않는 자신의 실수가 부끄럽고 원통하여 심판실에서 혼자 맥주를 들이키며 자책합니다. 그때 면목 없는 이 심판을 찾은 것은 아이러니하게도 가장 격렬히 항의했던 '짐 릴랜드' 감독이었습니다. "그것은 야구라는 비즈니스의 일부이다. 선수도 인간이고, 심판도 인간이고, 감독도 인간이고, 기자도 인간이다. 우리는 모두 실수를 한다. 대단히 안타깝지만 그것이 현실이다. 짐은 좋은 심판이고 오랫동안 자신의 역할을 충실히 해왔다."라며 조이스 심판에게 위로의 말을 건넵니다.

다음 날 경기는 공교롭게도 조이스가 주심을 맡아야 했습니다. 조이스 주심 입장에서는 참으로 곤혹스러운 상황이 아닐 수 없습니다. 경기 전 아나운서가 주심의 이름을 발표하자 디트로이트 팬들은 일제히 야유를 쏟아 냅니다. 이윽고 양 팀의 라인업 카드를 교환하는 시간…. 그런데, 라인 업 카드를 교환하기 위해 홈 플레이트로 나온 사람은 놀랍게도 릴랜드 감독이 아니라 전날 퍼펙트게임을 날려버린 투수 아만다 갈라라가였습니다. 릴랜드 감독은 갈라라가에게 라인 업 카드를 자기 대신 교환해 줄 수 있겠느냐고 물었고 갈라라가는 기꺼이 이에 응했습니다.

아름다운 반전은 거기서 시작되었습니다. 그렇게 위대한 퍼펙트를 날려 버린 두 사람의 어색한 조우가 이루어졌고 둘은 말없이 뜨거운 악수를 교환합니다. 갈라라가는 말없이 심판의 어깨를 두드려 주고 돌아섭니다. 22년차 노장 심판의 눈가에는 촉촉한 회한이 어려 있었습니다. 관중은 이후 더 이상의 야유를 멈추었고 판정 번복 심사를 요청하겠다는 구단주는 자신의 입장을 철회했습니다. 둘 사이에 무슨 일이 있었는지 그 누구도 말해주지 않았지만 인정과 격려와 용서의 아름다운 스토리는 모두에 의해서 영원히 그라운드에 남게 되었습니다.

참 멋진 사람들입니다. 자신의 실수를 곧바로 인정하고 기자회견을 자청한 심판도 멋있고, 자신의 인생 최고의 기회를 날려 버린 심판의 실수를 받아들이고 용서한 선수도 멋있고, 격려와 화해와 용서의 가교 역할을 해낸 감독은 더더욱 멋있습니다. 어쩌면 일개 야구장에서 벌어진 해프닝을 가지고 성명서까지 낸 백악관의 오지랖도 멋있고, 퍼펙트를 날리고 실의에 빠진 선수를 빠알간 스포츠카를 선물하며 위로한 구단도 멋있고, 두 사람의 악수에 불꽃놀이처럼 박수를 쏟아낸 팬들도 멋있고, 오심은 인정하지만 판정은 번복되어서는 안 된다는 강한 신념을 보여 준 메이저리그 사무국 또한 사무국답습니다. 수비에 들어가면서 조이스 심판의 어깨를 쳐주고 그라운드로 뛰어가는 디트로이트의 모든 선수들은 반전의 묘미를 극대화하는 또 하나의 훌륭한 장면을 선사하였습니다. 또한, 위대한 퍼펙트 기록을 날린 최악의 오심에도 불구하고 최고의 심판이 누구냐는 질문에 조이스 심판을 선정한 메이저리그 선수들 또한 주목하지 않을 수 없습니다. 실제 ESPN 매거진에서는 이 사건 이후 100명의 선수에게 최고의 심판 3명과, 최악의 심판 3명이 누구냐는 설문을 실시했다고 합니다. 선수들은 20년 넘게 정확한 판정을 꾸준히 계속한 조이스 심판의 노고를 인정했고 특히, 조이스는 최악의 심판에 단 한 표도 얻지 않은 유일한 심판으로 기록되었습니다. 선수들은 지난날의 오심에 대한 기억과 감정을 객관적인 설문의 응답에 전혀 개입시키지 않았습니다. 단 한 번의 실수를 수년간 쌓아온 정확한 판정의 커리어를 지우는데 사용하지 않은 것입니다.

도대체 무엇이 이리도 자연스럽게 마치 무언가를 관통하듯 별과 같은 스토리를 풀어내는 것일까? 어떻게 저마다의 위치에서 스포츠가 빚어내는 감동의 물을 길러 모두가 빠져드는 호수를 만들어 내는 것일까? 거기엔 분명 실수에 대한 건강한 패러다임과 그 사회 구성원에 촘촘히 새겨진 공통의 인식이 하나의 문화로 자리잡고 있습니다. 실수와 실패에 관대할 수 있는 것은 누구나 그럴 수 있다는 보편타당함에 대한 수용, 그리고 실패가 새로운 성장과 창조의 마디가 된다는 믿음이 깊게 자리하고 있기 때문입니다.

우리에겐 실패와 실수에 관대하지 않은 민족적 전통이 있습니다. 무려 500여년을 지배해 온 유학은 본질 보다는 형식과 틀에 얽매이게 하였고 예법에 어긋나는 순간 비난과 바로잡기의 회초리를 들게 만들었습니다. 이로 인해 대개가 새로운 시도와 실수에 엄격했고 합리의 여부를 따지는 게 금기시 되면서 전통이 고수 되는 건 당연했습니다. 당연히 가부장적 문화가 만연했고 군대를 경험한 남성들은 시키는 건 반드시 해야만 하는 상명하복에 익숙했으며 인정과 격려보다는 질타와 엄중한 문책이 우선이었습니다. 결국 전통적으로 구조적으로 우리에겐 실수와 실패를 수용하는 DNA가 약할 수밖에 없었습니다. 문제는 이런 민족적 문화적 전통이 'Management 관리'는 익숙하게 잘 해내지만 'Innovation 혁신'에는 약할 수밖에 없는 근간을 만드는 데 크게 일조했다는 것입니다. 왜 우리에겐 삼성, LG, 현대자동차는 있어도 애플, 구글, 아마존, 마이크로소프트처럼 새로운 영역을 창조해 내는 기업은 없는 것일까?

4차 산업혁명으로 대변되는 작금의 세계적 트렌트에 적응하기 위해 조직에서 리더가, 가정에서 부모가 해야 할 일 중에 하나가 실수에 대한 부담을 줄여 주고 실수를 통해 배울 수 있는 문화를 만드는 일입니다. 그래야 무한한 상상의 나래를 펼 수 있습니다. 실수해야 방법을 찾아낼 수 있습니다. 실수와 실패에 대한 건강한 수용의 폭이 확장될 때 자발적 혁신과 창조의 계단을 만나게 됩니다.

만약 우리나라에서 퍼펙트 오심의 상황이 벌어진다면 어떻게 되었을까? 슬슬 갑갑해지기 시작합니다.

끝끝내 해피엔딩 오렌지 빙속황제

2010년 밴쿠버 동계올림픽에서 우리나라의 이승훈 선수가 서양 선수들의 전유물이라 불리는 남자 1만 미터에서 금메달을 획득하였습니다. 각종 인프라와 얇은 선수층 그리고 장거리에 불리한 체형의 열세를 극복하고 일구어 낸 국내 최초의 스피드 스케이팅 장거리 종목 금메달이라 더욱 값졌습니다. 게다가 시상식에서 보여 준 2, 3위 선수들이 이승훈 선수를 어깨에 태우는 기쁨의 퍼포먼스는 지금까지도 인구에 회자될 만큼 멋진 스포츠맨십을 보여 준 명장면이었습니다.

그런데 전 국민에게 기쁨을 안겨준 당시의 영광은 네덜란드 코치의 결정적인 실수가 없었다면 불가능한 일이었습니다. 당시 세계 빙상 장거리 종목에는 난공불락의 절대지존 오렌지 빙속 황제 '스벤 크라머' 선수가 버티고 있었습니다. 그는 수년 간 장거리를 지배해 온 절대 강자로서 네덜란드에서는 우리의 '김연아' 선수를 연상할 만큼 영웅적인 인기를 누리고 있었습니다. 크라머는 밴쿠버 올림픽 5,000미터에서 금메달을 차지한 데 이어 1만 미터 제패도 유력했습니다. 전문가들은 크라머가 이변이 없는 한 1만 미터에서도 금메달을 차지할 것이라 입을 모았고 스피드와 지구력을 동시에 검증하는 1만 미터 제패를 계기로 마침내 빙속의 황제 대관식을 치르게 될 것이라 전망하였습니다. 예상대로 역시 이변은 없었습니다. 압도적인 기량으로 1만 미터에서도 1위를 차지한 크라머는 올림픽 2관왕을 차지하면서 중장거리 종목의 지존이자 시대를 대표하는 황제의 자리에 오르는 게 확실했습니다. 그러나 이변은 없었지만 결과를 뒤집는 전대미문의 결정적 실수가 있었습니다.

모든 것이 내 실수였다.

내 인생에서 가장 나쁜 날이었다.

- 스피드스케이팅 장거리 황제 크라머의 코치 켐케스 인터뷰 中

1만 미터는 총 25바퀴를 돌아야 하는데 한 바퀴 돌때마다 인코스와 아웃코스를 번갈아 타야 하는 규칙이 있습니다. 그러다보니 선수들은 레이스에만 집중하고 코스의 진로 안내는 코치가 합니다. 켐케스 코치는 크라머가 8바퀴를 남겨 둔 상태에서 아웃코스로 안내해야 하는데 인코스로 지시하는 어처구니없는 실수를 저질렀습니다. 실제 크라머는 이승훈 선수보다 4.05초 빠른 전체 1위 기록으로 당당히 결승선을 통과했지만 규정에 어긋난 레이스로 실격을 당하고 말았습니다. 한마디로 코치의 지시대로 따랐다가 날벼락을 맞은 것입니다. 실격을 확인한 크라머는 고글을 집어 던졌고 망연자실한 코치는 할 말을 잃었습니다. 두 사람의 실랑이가 그대로 전파를 타면서 크라머의 실격과 날아간 고글은 밴쿠버 올림픽 최고의 가십거리가 되었고, 2관왕의 영광은 순식간에 동계올림픽 역사상 가장 황당하게 금메달을 놓친 선수라는 안타까운 꼬리표로 둔갑했습니다.

크라머 선수의 심경은 어땠을까? 어디 가서 하소연 할 수도 없고, 한다 한들 바뀌는 것도 없고, 한 번만 봐 달라고 떼를 쓸 수도 없고, 계속해서 화는 나고 십 수 년을 바로 그 순간을 위해서 노력해 왔는데 뭐 이런 황당한 일이 다 있는지 만약에 저라면 온갖 회한과 코치에 대한 분노가 이글거리는 불덩이처럼 올라와 주체할 수 없을 것만 같습니다.

하지만 크라머는 달랐습니다. 다음 날 기자회견을 갖고 "켐케스 코치와 지난 5년 동안 많은 것을 이루었다. 이런 일로 헤어질 수는 없다"며 온갖 불편한 수식어로 언론에 도배된 코치의 면목 없는 얼굴을 감싸주었습니다. 기록을 조회해 보니 크라머 선수가 켐케스 코치와 함께한 5년 동안 합작한 세계선수권 금메달이 무려 13개, 유럽선수권까지 포함하면 17개에 이릅니다. 그는 켐케스가 코치로서 공헌한 지난 5년간의 수고를 안타까운 실수 하나와 퉁치는 감정적 분풀이로 마무리 하지 않았습니다.

크라머는 이후에도 켐케스 코치와 동행했고 4년 후 소치 올림픽에서 켐케스의 안내를 받으며 절정의 레이스를 펼쳐 5000미터 올림픽 2연패를 이루었습니다. 이는 크라머가 평창 동계올림픽 5000미터에서도 금메달을 획득함으로써 동계올림픽 역사상 단일 종목 최초의 3

연패라는 금자탑을 쌓는 디딤돌이 되었습니다. 진정한 빙속 황제의 대관식이 있기까지는 코치 켐케스의 웃지 못 할 가여운 실수도 있었지만 실수를 인정하고 수용하는 그들의 담대함이 없었다면 크라머는 어쩌면 황제가 아닌 비운의 선수로 기억되었을지도 모를 일입니다. 끝끝내 해피엔딩을 이루어 낸 크라머와 켐케스 코치가 전하는 지혜가 우리의 해피엔딩을 위한 미로 찾기의 길잡이가 되기를 바랍니다.

당신이 속한 조직은 실수를 포용하는 편입니까?
실수를 포용하는 조직문화의 유익은 무엇입니까?

인사이트 스포츠 성찰하는 삶

연결
LINK

연결이 있어 불가능은 없습니다

　　밤새 내린 가랑비를 털어내는 해가 짱짱하게 떴습니다. 햇살 좋은 날씨에 적당한 바람이 조화롭습니다. 동화처럼 무지개가 뜨고 혼자라는 외로움 보다는 혼자여서 좋은 시간이 축복처럼 느껴질 때 문득 이 세상에 놓인 스스로의 기원이 생각나고 한없는 고마움이 밀려옵니다. 아버지의 아버지 또 그 아버지의 아버지의 초상과 그 아버지를 낳은 어머니와 그 어머니의 어머니의 어머니의 초상들이 산성처럼 저를 둘러싸는 듯한 든든함이 느껴집니다. 손을 잡고 있는 그들의 연결이 깨져 있다면 과연 지금의 나는 존재할 수 있을까? 나와 연결된 우리 아이들이 세상의 빛을 보기까지 선친들의 수 만년을 이어온 연결이 있었구나 라는 것이 새삼스럽게 느껴질 때 누구라도 그 탄생의 디자인을 벗어날 수 없을 뿐 아니라 연결의 연결을 쫓아가다 보면 알게 모르게 우리는 모두 서로 이어져 있는 관계의 뿌리를 보게 됩니다. 벅차면서도 경이로운 연결의 디자인 속에 우리 자신 또한 연결자라는 정체성이 더욱 더 선명해 집니다.

　　태어날 때부터 보이지 않는 눈을 가진 소녀가 국내 최초이자 유일한 장애인 스키 선수로 성장했습니다. 패럴림픽 국가대표 '양재림' 선수입니다. 양선수는 소치 올림픽에서 아쉽게 4위에 그쳐 다음 평창 올림픽에서는 반드시 메달을 획득하겠다는 집념을 갖고 있었습니다. 그런데 눈이 보이지 않는데 스키를 탄다? 이것이 가능한 일일까? 우리는 눈을 감고 몇 걸음만 걸어보면 시각장애인이 스키를 탄다는 것은 상상조차 할 수 없는 불가능한 일이라는 것을 금방 알게 됩니다. 그 불가능이 가능한 이유는 양재림 선수 앞에서 스키를 타고 안내하는 가이드 러너가 선수의 눈이 되어 주기 때문입니다. 하지만 가이드 러너는 시각 장애인 선수와 서로 한 몸처럼 움직여야 하기 때문에 매 순간 함께 있어야 하는데 이로 인한 비용 문제가 만만치 않습니다. 이 때문에 수시로 가이드 러너가 바뀌게 되고 이는 일정한 경기력을 갖추는데 적잖은 장애요인이 되었습니다.

촉망 받는 스키 유망주였던 '고운소리' 선수는 유니버시아드 대표와 국가대표 상비군을 거치며 태극마크를 꿈꾸지만 끝내 국가대표에서 탈락하는 아픔을 겪습니다. 은퇴의 기로에서 더 이상 스키를 타지 못할 수도 있다는 생각이 현실로 다가올 때 양재림 선수의 가이드 러너를 뽑는다는 소식을 듣고 새로운 도전에 나섭니다. 그녀는 양재림 선수의 가이드 러너가 됨으로써 그토록 원했던 태극마크를 달고 올림픽 메달을 꿈꾸게 됩니다. 한 통신사의 광고에 나온 시각장애인 스키선수와 국가대표에서 탈락한 가이드 러너의 기적 같은 조합입니다. 앞서 가는 가이드 러너가 무선 헤드셋으로 속도와 코스의 특이점, 움직임의 방향과 주의할 점 등 필요한 정보를 보내면 눈이 보이지 않는 선수는 이를 바탕으로 가파르게 비탈진 경사면을 감각적으로 활강하면서 속도를 높입니다. 광고의 마지막 멘트는 설원을 누비는 두 선수의 가능성을 밝게 비춥니다.

연결이 있어

불가능은 없습니다.

근대 올림픽은 1896년 국제 평화를 염원하는 고대 올림픽 정신을 되살리자는 취지에서 1,503년 만에 부활했습니다. 이러한 올림픽 정신을 되새기기 위해 오륜기에는 다섯 개의 원을 서로 연결해 놓았습니다. 세계 평화를 위해서 다섯 대륙이 서로 협력하고 연대해야 한다는 메시지를 상징적으로 표현한 것입니다. 올림픽은 공정한 경쟁 속에 평화를 사랑하고 추구하는 전 세계인의 염원을 담아 세계에서 가장 주목받고 가장 즐거운 인류의 축제가 되었습니다.

그런데 코로나19 바이러스가 전 세계에 확산되면서 근대올림픽 124년 역사상 처음으로 2020년 도쿄 올림픽이 연기되었습니다. 가히 코로나의 위력을 짐작할 만한 사상 초유의 사태였습니다. 코로나를 막기 위해 유럽은 물론 세계 각국은 어쩔 수 없이 대륙을 봉쇄하고 안방문을 걸어 잠갔습니다. 올림픽 오륜기에 연결된 다섯 개의 원이 서로 떨어지게 된 것입니다. 한 마디로 연결이 깨지고 말았습니다. 연결이 있어 불가능은 없다고 하였는데 연결이 깨지자 그 동안 가능했던 많은 것들이 불가능해 졌습니다. 코로나가 정말 무서운 것은 연결을 차단시키고 깨뜨리기 때문이었습니다.

축구와 농구에는 패스가 있고, 야구에는 출루가 있고, 배구에는 토스가 있습니다. 모든 팀 경기의 득점을 가능하게 하는 것은 연결입니다. 개인 경기 또한 어느 종목이든 동작 하나하나가 연결되지 않으면 제대로 할 수 있는 것이 없습니다. 스포츠뿐만 아니라 어느 분야 그 어떤 일도 연결의 맥락은 가시적으로 보이지 않을 뿐이지 매순간 시퍼렇게 꿈틀대고 있습니다. 또한 인류를 윤택하게 하는 모든 기계와 생활 도구도 조이고 붙이고 하는 연결의 과정을 통해 만들어 집니다.

연결이 개입되지 않은 무엇이 존재할 수 있을까? 불가능한 일이 가능해지는 것도 연결이 있기 때문이고, 무언가를 도모하고 이어가는 데는 연결이 필수이며, 보다 수월해지고 보다 나아지고 보다 윤택해 지는 인류가 만들어 온 모든 문명에 연결의 미학이 있습니다. 연결은 인류의 영원한 존재를 가능하게 하는 시작이자 근본이며 서로 연대하고 협력하는 지혜의 핵심입니다. 그리고 자신의 가계와 인류의 전승을 떠올리면 누구라도 우리 자신이 연결자가 됩니다. 조선시대 계시던 우리 아버지의 아버지 중 한 분이 그 다음 세대를 연결하지 않았으면 지금의 우리는 존재하지 않습니다. 우리 자신 또한 연결의 결과물이자 연결의 주체인 것입니다. 우리가 살아가면서 무엇을 잘 해야 하고 무엇을 돌아보아야 하는지 뚜렷해집니다. 간혹 홈런을 친 선수가 인터뷰에서 야구공이 수박만 하게 보였다고 합니다. 우리 모두에게 연결의 지혜가 수박만 하게 보였으면 좋겠습니다.

이거 실화냐? 꿈을 앗아간 부실한 연결

　　선수로서 챔피언이 되는 것만큼 영광스러운 일이 또 있을까? 하지만 챔피언의 자리는 고작 한 선수에게만 주어지는 희소성이 있습니다. 하여, 입상권에 들지 못하고 소리 소문 없이 은퇴하는 선수가 거의 대부분인 것이 현실입니다. 그러나, 모든 선수에게 입상과 관계없이 출전 그 자체가 영광인 대회가 있습니다. 바로 올림픽 출전입니다. 국가를 대표하는 선수로 선발되어 자국의 명예를 걸고 다른 나라 선수들과 스포츠 정신을 발휘하며 최선의 경쟁을 펼치는 올림픽 무대는 명실상부한 꿈의 무대입니다. 선수들은 이런 올림픽 출전을 위해 4년 아니 그 이상의 시간을 훈련에 매진합니다. 그런데 올림픽을 불과 보름 앞두고 갑자기 출전을 하지 못한다는 통보를 받는다면 어떻게 해야 되는 겁니까?

　　2018년 평창 올림픽 대한민국 알파인 스키 국가대표 9명중 5명에게 이런 황당한 날벼락이 떨어졌습니다. 이는 대한스키협회가 선수들에게 올림픽 선발 기준을 명확히 통보하지 않은 데서 비롯되었습니다. 스키협회가 당초 확보한 출전권은 겨우 4장에 불과한데 선수들에게는 모두 참가할 수 있다고 공지했습니다. 협회는 나머지 선수들 중에서 자력으로 올림픽 출전권을 따내는 선수들이 나올 것이라 예상하고 별도의 안내 없이 모두가 출전할 것이라고 단정한 것입니다. 그런데. 안타깝게도 국가대표 선수들 중 올림픽 기준기록을 통과한 선수가 한 명도 나오지 않았고 자력 진출이 어렵게 되자 협회는 뒤늦게 개최국의 입장을 고려해 IOC에 출전권 쿼터를 늘려 달라고 요청했지만 받아들여지지 않았습니다. 선수들은 협회가 올림픽 출전 랭킹 포인트 획득 방법을 사전에 알려주었다면 그에 맞게 준비했을 텐데 올림픽 출전 기준과 방침에 대해서는 아무 설명도 없다가 고작 2주를 앞두고 출전할 수 없다고 통보하는 게 말이 되냐고 분통을 터뜨렸습니다. 그렇지만 상황을 바꿀 만한 뾰족한 수는 딱히 보이지 않았습니다. 대한 스키협회의 안이하고 무성의한 일처리는 대한민국 여자 스키 역사상 최초의 기록을 위해 수년 간 일상의 유혹을 이겨내고 극기해 온 한 선수의 꿈을 허무하게 만들었고, 알파인 선수를 대표해 결단식까지 참석하고 단복까지 제공받은 선수의 출전을 가로 막았으며 수년간 올림픽만을 바라보고 달려온 선수들의 꿈과 목표를 한 순간에 앗아가 버렸습니다.

실수에도 품질이 있는 법인데 이 무슨 전근대적이고 후진적인 행태인지 당사자들의 상실감을 채울 길은 그 어디에도 없습니다. 흔한 얘기로 "이거 실화냐?"라고 묻고 싶습니다. 도대체 이런 어처구니없는 실화는 왜 일어나는 걸까? 결과의 원인을 들여다보면 정확한 정보전달의 아쉬움 즉 부실한 연결이 끊어진 다리처럼 처연하고도 궁상맞게 골조를 드러내고 있습니다.

대한민국에 고속열차 KTX가 도입되면서 전국은 일일생활권에 접어 들었습니다. 순조롭게 운영되던 KTX는 도입 7년 만에 처음으로 열차 탈선 사고를 겪게 됩니다. 사고의 원인을 조사해 보니 7미리 너트 하나를 제대로 조이지 않았기 때문이었습니다. 너트가 무엇입니까? 두 개 이상의 부품을 연결하여 결합할 때 사용하는 것입니다. KTX 도입 후 불명예스러운 첫 번째 사건은 결국 연결의 부실에서 비롯되었습니다. 그런데 실제로는 너트가 제대로 조여지지 않았어도 탈선은 막을 수 있었습니다. 느슨하게 조여진 너트를 발견하지 못한 직원들이 임시 조치로써 열차가 직진만 가능하도록 선로전환기를 조정해 놓았는데 이런 사실을 관제센터에 알리지 않은 것이 화근이었습니다. 어떤 연락도 받지 못한 관제사는 직진 선로만 있는 줄 모르고 역으로 들어오는 열차를 의례 오른쪽 선로로 방향을 바꾸라고 신호를 보냈습니다. 열차는 그렇게 궤도를 이탈했습니다. 결국 반드시 전달되어야 할 정보가 연결되지 않자 사고로 이어진 것입니다.

어쩌면 우리가 하는 대부분의 실수는 연결의 실수인지도 모르겠습니다. 모든 일에는 무엇인가를 연결하는 의미가 담겨있습니다. 이는 내가 하는 일로 인해 반드시 누군가는 영향을 받는다는 의미입니다. 나의 연결이 부실할 때 나의 연결을 받는 누군가는 곤혹스러워질 수밖에 없습니다. 특히, 안전과 생명이 관련된 일에서 종종 발생하는 연결의 오류는 자칫 치명적인 사고로 이어지기도 합니다. 의료계에서는 잘못된 차트의 연결로 멀쩡한 사람의 전립선을 도려내기도 하고 심지어 하나의 고귀한 생명을 낙태시키기도 하며 정작 도려내야 할 왼쪽 가슴은 놔두고 멀쩡한 오른쪽 가슴을 절제하는 일이 벌어지기도 합니다. 백화점이 붕괴되고 다리가 끊어지는 후진국형 참사 또한 결국 연결의 부실이 결정적인 원인이었습니다.

스포츠인사이터가 유년 시절 친구들과 축구를 할 때 수비진과 공격진을 연결해 주는 중원의 사령관을 링커라 불렀습니다. 우리는 일상에서 모두 연결을 받고 연결을 하는 링커들 입니다. 내가 연결을 잘하기 위해서는 먼저 내게 주는 연결을 잘 받아야 합니다. 패스를 제대로 받지 못하면 다시 잡아서 해야 하고 그만큼 최적의 타이밍을 놓치게 됩니다. 마찬가지로 상대방의 서브를 제대로 리시브 하지 못하면 토스가 부실해지고 그만큼 스파이크도 어려워집니다. 잘 받아야 잘 줄 수 있는 것입니다. 내가 연결을 해줄 때에는 나의 연결을 받는 그가 잘 받을 수 있도록 세심하게 살피기 바랍니다. 나의 연결이 부정확하거나 부실할 때 연결을 받는 사람이 겪는 고충은 상상 이상입니다. 스포츠에만 패스의 마스터가 필요한 것이 아닙니다. 우리 모두가 연결의 마스터가 될 때 협업의 성과는 극대화 됩니다.

당신이 연결해 주는 사람은 누구이며

당신이 하는 일에 영향을 받는 사람은 누구입니까?

CHAPTER
FIVE

성품기반의 삶

평판보다는 성품에 관심을 가져라.
성품이야말로
바로 당신의 진정한 모습이기 때문이다.

- 존 우든 감독

INSIGHT
& WISDOM

LEARNED
IN SPORTS

가치
VALUE

위대함의 상징이 된 복서

경쟁에는 승패가 있습니다. 당대 최고라는 수식어가 붙어도 항상 이길 수만은 없는 것이 승부의 세계입니다. 그래서 패배는 그 누구도 피할 수 없는 좌절의 순간이며 더 큰 승리를 위해 건너야 하는 돌다리가 됩니다. 그런데 세계 프로 복싱 역사상 50전 이상의 전적을 기록하고 챔피언 타이틀을 거머쥔 복서 중 단 한 번도 패배하지 않은 무패의 선수가 있습니다. 바로 '플로이드 메이웨더'입니다.

신의 경지에 가까운 스피드와 테크닉에 철통같은 방어 기술까지 겸비한 그는 50전 50승 27KO를 기록하면서 무려 5체급을 석권한 지구상 유일한 무패의 챔피언입니다. 그러나, 안타깝게도 세상은 메이웨더를 무패의 복서로 기억하지 위대한 복서라는 타이틀은 허락하지 않습니다. 설사 누군가는 메이웨더를 위대한 복서라고 부를지 모르지만 스포츠인사이터는 그렇지 않습니다. 메이웨더는 승리를 위해 더티한 플레이를 서슴지 않았고, 아시아인 인종차별과 여성 폭력을 마다하지 않았습니다. 온갖 허세와 사치스러운 사생활을 즐기는 링 밖의 모습은 챔피언의 위상과는 한참 거리가 있습니다. 팬들은 그의 권투 실력에는 환호하지만 그의 허접한 성품에까지 환호하지는 않습니다.

이와 비슷하게 역대 최고의 축구선수를 다투는 축구 신동 마라도나에게도 위대한 선수라는 평가는 어울리지 않습니다. 마라도나는 마약에 탈세에 인종차별에 온갖 성추문에 축구 외 영역에서는 범죄인에 가까울 정도입니다. 특히, 마라도나는 1994년 월드컵을 앞두고 무려 5가지 금지약물에 양성반응을 보여 퇴출되었습니다. 그의 전성기는 화려했지만 약물 덕택일수도 있다는 의혹을 떨쳐 버릴 수 없는 이유입니다. 이런 이력에 비해 어쩌면 마라도나는 아직도 지나치게 과분한 평가를 받는 선수라는 게 보다 정확한 평가인지도 모릅니다.

성공과 성취는 분명 값진 일입니다. 하지만 성취가 지속적인 성장과 성숙한 삶을 담보하는 것은 아닙니다. 한 시절을 풍미한 선수들이지만 가슴 속에 내재된 삶의 가치가 무엇인지에 따라 많은 사람들에게 영향을 주는 공인으로서 살아가는 삶이 완전히 다르게 나타납니다. 메이웨더와 마라도나가 어떤 가치를 가지고 사는지 알 수 없지만 그들 스스로 허물어뜨린 명성의 파편에는 가치의 부재를 여지없이 파고든 불량한 그림자가 어슬렁거리고 있습니다.

저는 스포츠인사이터로서 최고와 위대함은 구분되어야 한다고 주장합니다. 다시 말하면 '위대한 Great'이라는 수식어는 한 때의 영웅이나 전설이라도 아무나 가질 수 있는 명성은 아니어야 합니다. 이는 완전히 다른 레벨이기 때문입니다. 위대함은 탁월한 기량과 더불어 자신만의 소중한 가치를 품고 그 가치에 대한 신념을 삶 속에서 부단히 실천하거나 개인의 성공을 넘어 공공선에 기여하고 많은 사람들에게 영감을 줄 때 얻어지는 영웅 레벨의 최고봉에게만 허락되는 것입니다.

1960년 18세인 '캐시어스 클레이'는 발군의 기량으로 로마올림픽 헤비급 복싱 금메달을 획득합니다. 그는 단숨에 영웅 대접을 받기 시작했습니다. 그러나, 귀국 후 한 식당에서 흑인에게는 음식을 팔지 않는다는 백인 주인의 말에 충격을 받고 미국 사회에 자리 잡고 있는 뿌리 깊은 인종차별의 부조리를 실감하게 됩니다. 이에 실망한 클레이는 "강물은 흑백을 차별하지 않는다"며 자랑스러운 금메달을 과감히 강물에 던져버립니다. 그리고 완전히 새로운 삶을 살기로 다짐합니다. 클레이는 새로운 도전을 위해 프로 무대에 뛰어들어 승승장구 마침내 챔피언에 오릅니다. 그리고 미국인들이 노예에게 부여한 성을 따르지 않겠다는 의지의 표현으로 당시 흑인의 정체성을 공고히 하기 위해 개종한 이슬람교에 맞는 이름 '무하마드 알리'로 개명을 합니다. 위대한 챔피언의 대명사 '무하마드 알리'라는 이름은 이렇게 탄생했습니다.

무하마드 일리는 기자들 앞에서 "나는 백인 동네로 이사할 생각도 없고, 백인 여자와 혼인할 생각도 없습니다. 내가 택하는 길이 어떤 건지 알고 있고, 무엇이 진실인지도 압니다. 나는 당신들이 원하는 챔피언이 되지는 않을 것입니다."라고 선언하며 인종을 차별하는 백인 사회에 무릎 꿇지 않겠다는 저항 의지를 분명히 했습니다. 알리는 타이틀 획득 후 3년 동안 모든 도전자들을 물리치며 절정의 인기를 얻었지만 백인사회와 정부는 그를 달갑지 않게 여겼습니다. 결국 미국 정부는 눈에 가시 같던 알리에게 베트남 전쟁에 참여하라고 징집영장을 보냈고 알리는 이를 단호히 거부했습니다.

베트공은 나를 검둥이라고 욕하지 않습니다.
내가 왜 베트남 사람들을 죽여야 한단 말입니까?
베트공과 싸우느니 흑인을 억압하는 세상과 싸우겠습니다.

- 무하마드 알리

알리는 징병위원회의 출두 명령도 거부했습니다. 그 대가로 그는 법정에 기소되어 5년의 실형을 선고 받고 챔피언 타이틀을 박탈당합니다. 여론이 바뀌어 3년 만에 무죄 판결을 받았지만 한창 전성기에 3년의 공백은 너무도 아쉽고 아까운 세월이었습니다. 한 마디로 돈도 명예도 저만치 달아나는 시간이었습니다. 무하마드 알리는 당시에는 자연스레 은퇴를 생각해야 할 30대에 이르러 다시 챔피언 도전에 나섰고 3년 후 자신의 타이틀을 다시 되찾아오는 저력을 보여 줍니다. 알리는 이후 무적의 복서로 군림하다가 선수생활의 내리막길 와중에 다시 한 번 타이틀을 잃고 또 다시 챔피언 타이틀을 탈환하는 영원한 챔피언의 여정을 전 세계 팬들에게 보여 주었습니다. 알리는 통산 다섯 번의 패배를 기록했지만 그렇다고 그 패배가 그의 명성을 떨어뜨리지 않습니다. 언제나 수많은 전설의 복서 중 가장 꼭대기인 위대한 복서에는 무하마드 알리가 있습니다. 왜냐하면 그는 단지 부와 명성만을 쫓지 않고 세상을 위해 싸웠기 때문입니다. 그가 사각의 링에서 마주한 것은 상대 선수뿐만 아니라 흑인에 대한 억압과 편견이었으며 링에서 뻗은 그의 펀치는 상대를 쓰러뜨리는 것을 넘어 자신의 신념과 가치를 지키기 위한 처절한 방어였습니다.

동트는 새벽녘 만선의 꿈을 안고 바다로 향하는 배 한 척이 저 넓은 바다보다 더 크게 가슴으로 들어 옵니다. 푸른 희망을 안고 앞으로 나아가는 어선의 뱃고동 소리는 마치 바다를 깨우는 알람처럼 정적을 흔들어 놓습니다. 그런데 멀리서 바라보는 배는 정작 눈에 보이는 어떠한 작동도 하지 않습니다. 그럼에도 앞으로 나아갑니다. 노를 젓지 않는 한 세상의 모든 배가 이와 다를 바 없습니다. 배가 앞으로 나아가는 것은 우리가 볼 수 없는 수면 아래에서 배의 엔진과 프로펠러가 쉴 새 없이 움직이기 때문입니다.

사람도 조직도 이와 다를 바 없습니다. 내가 알고 있던 모르고 있던 우리의 내면에도 눈에 보이지 않는 엔진이나 프로펠러가 있어서 중요한 결정과 행동을 이끌어 내는 역할을 합니다. 흔히 이를 '핵심가치'라고 합니다. 사람은 누구나 자신이 옳다고 믿는 신념과 우선순위에 두는 핵심가치가 있습니다. 그런데 우리는 안타깝게도 자신이 무엇을 소중하게 생각하는지 잘 모르는 경우가 많습니다. 이는 누구보다 열심히 사는데도 불구하고 자신을 지탱하는 뿌리는 돌보지 않는 것과 마찬가지 입니다. 가치는 누군가 내 손에 쥐어 주는 것이 아니고 살아

온 세월이 저절로 알려주는 것도 아닙니다. 자신의 삶 속에서 스스로 발견하고 다듬어 가거나 혹은 자신이 원하는 바를 위해 의도적으로 설정하고 행동으로 실천하는 것입니다.

무하마드 알리가 한 시절의 챔피언을 넘어 영원히 기억되는 별이 된 것은 그가 중요하다고 생각하는 가치와 신념대로 자신의 삶을 살았기 때문입니다. 100년 이상 지속적으로 성장해 온 위대한 기업들의 공통점 중 하나가 임직원의 의식을 핵심가치에 정렬하고 단순히 구호나 홈페이지 게시용이 아니라 실제 업무와 경영상의 중요한 판단의 준거를 핵심가치에 두고 있다는 것입니다. 위대한 기업과 위대한 복서 무하마드 알리의 공통점이 바로 여기에 있습니다.

당신이 정말 소중하게 생각하는 가치, 그것은 당신이 소유한 가장 값진 무형의 자산입니다. 당신이 중요하게 생각하는 눈에 보이지 않는 Value가 당신의 눈에 보이는 Value를 결정합니다.

당신이 정말 소중하게 생각하는 가치는 무엇입니까?

IQ —— INSIGHT QUESTION

**당신은 지금 신임CEO에 선정되었습니다.
취임사에 담을 직장 생활 중 직원들에게 강조하고 싶은
3가지 핵심가치는 무엇입니까?**

전쟁을 멈추게 한 검은 예수

세상이 넓다는 것을 간혹 듣보잡 국기명에서 느낄 때가 있습니다. 대한민국 코리아도 88올림픽 전에는 많은 세계인들에게 "그런 나라도 있었나?"라는 생소한 느낌을 주는 국가였습니다. '코트디부아르'…. 저는 이전에 알지 못한 이 나라를 한 축구선수를 통해 알게 되었습니다. 우월한 하드웨어, 타고난 유연성과 제공권 장악, 돌파력과 패스도 좋았고 테크닉도 나무랄 데 없었으며 프리킥 능력까지…. 특히 전매특허인 문전에서 간결한 볼 터치에 이은 느닷없고 벼락같은 각도 불문 어메이징 슛은 가히 독보적인 경쟁력이었습니다. 바로 드록신이라 불린 '디디에 드록바'입니다.

그의 플레이는 상당히 역동적입니다. 부드러우면서도 거친 황소의 힘줄이 동시에 느껴지는 파워가 있습니다. 특히, 아주 중요한 경기에서 승부를 결정짓는 역대급 해결사 본능을 가짐으로써 그 누구도 부인할 수 없는 2000년대 최고의 스트라이커로 꼽히고 있습니다. 실제 드록바는 첼시의 프리미어리그 첫 우승의 주역으로서 첼시 역사상 외국인 선수 최다 골을 기록했습니다. 드록바는 첼시에서 머무는 동안 통산 리그 3번의 우승과 4번의 FA컵 우승, 2번의 리그컵 우승의 영광을 맛보았습니다. 그는 4번의 FA컵 결승전에서 모두 골을 기록한 유일한 선수이며 특히 2012년 대망의 챔피언스 리그 결승전에서 패색이 짙던 경기를 원점으로 돌리는 동점골과 우승을 결정짓는 마지막 페널티킥을 성공시킴으로써 첼시의 영원한 전설로 남게 되었습니다. 팬들은 그들이 직접 뽑은 '첼시 역사상 가장 위대한 선수'로 드록바를 선정하였습니다.

> 드록바는 첼시 역사상 최고의 영입이자 최고 가치를 지닌 선수이다.
> 내가 감독 생활을 하면서 함께 한 선수들 중 단연 최고는 드록바다.
> - 조세 무리뉴

드록바의 전성기는 국내 최초 프리미어리거 박지성 선수가 맨유에서 활약할 때와 상당히 겹칩니다. 박선수를 통해 팬들이 프리미어리그를 본격적으로 알아 갈 때 국내에 첼시 팬이 부쩍 늘어난 것도 드록바의 영향이 컸습니다. 그는 위기 때나 중요한 경기에서 보여 준 결정력과 기여도가 워낙 강렬해서 자연스럽게 드록신이라는 별칭을 얻었지만 단지 그를 한 시대를 풍미한 전설의 골게터로만 기억해서는 안 될 정도로 드록바에게는 가치 있고 위대한 업적이 따로 있습니다.

코트디부아르는 2006년 독일 월드컵 본선 진출을 위해 사력을 다했지만 실상 자력 진출은 불가능한 상태였습니다. 본선 진출이 가능한 유일한 경우의 수는 코트디부아르가 마지막 경기를 반드시 이기고 본선 진출 경쟁국인 카메룬이 패해야만 가능한 상황이었습니다. 공교롭게도 경기는 같은 날 동시간대에 이루어 졌고 종료 직전 페널티킥에 의해 월드컵 진출의 여부가 가려지는 상황에 놓였습니다. 마침내 탈락의 벼랑 끝에서 코트디부아르가 기사회생 하자 가슴 졸이며 지켜보던 코트디부아르 국민들은 일제히 환호하고 감격했습니다. 바로 그때 라커룸에서 기뻐하던 드록바가 TV카메라 앞에서 마이크를 잡고 무릎을 꿇었습니다.

우리는 힘을 합쳐 월드컵 본선 진출을 이뤄내면서

우리가 하나가 될 수 있음을 증명했습니다.

이제는 무기를 내려놓고 일주일만이라도 전쟁을 멈춥시다.

모든 것이 더 나아질 것입니다.

당시 코트디부아르는 군부 쿠데타에 이은 대선불복으로 갈라진 남북이 전쟁을 하던 극심한 혼란의 시기였습니다. 내전의 당사자인 남북의 두 대표 또한 경기장에서 극적인 자국 최초의 월드컵 본선 진출을 목도하였고 드록바의 간절한 호소를 들었습니다. 놀랍게도 남북의 정치인들과 군인들은 전쟁을 멈추었고 이를 계기로 이듬해 평화협정 체결을 맺고 전쟁의 종식을 공식 선언합니다. 드록바의 간절한 호소가 내전으로 얼룩진 국가에 평화를 부르는 파랑새가 된 것입니다. 드록바가 왜 탁월함을 넘어 위대한 드록신으로 추앙받는지 드록바는 단순히 축구 선수를 넘어 코트디부아르 그 자체라는 말이 어디에서 비롯되었는지 알 수 있는 대목입니다. 또한, 총성으로 피폐해진 국가에 평화를 가져오고, 분열을 통합으로 이끈 계기가 바로 축구라는 점에서 스포츠의 힘이 얼마나 파워풀한지 가장 극적으로 보여주는 장면이 아닐 수 없습니다. 주목할 것은 드록바는 결코 승리에 도취되어 자신들이 거둔 업적을 만끽하는 위너에 머물지 않았다는 것입니다. 국가대표로서 자국의 평화를 염원하는 더 높은 가치를 지향함으로써 단지 축구선수가 아닌 평화의 전도사로 전 세계에 깊은 영감을 주었습니다. 이 뿐 아니라 드록바는 선수시절부터 자신의 이름을 딴 재단을 설립하여 꾸준한 기부를 통해 나눔을 실천하였고, 병원을 지어 의료 서비스 개선에 힘을 보탰으며 2007년부터는 UNDP 유엔개발계획 대사로 활동하고 있습니다. 사람들은 이런 그를 '검은 예수'라 불렀습니다.

인간은 태어날 때부터 그릇의 크기가 결정되는 것일까? 가끔 속 좁은 자화상과 부딪힐 때마다 타고난 품이 넉넉지 못한 자신을 보는 것은 여간 쓸쓸하고 곤혹스러운 일이 아닐 수 없습니다. 좀 더 큰 그릇을 가지고 태어났으면 하는 안타까운 열망을 가질 때 작은 그릇에 담긴 소중한 가치와 큰 그릇에 담긴 민망한 성품이 오버랩 되면서 점멸하는 의식의 비상등이 깜박이며 알려주는 진실이란 정작 중요한 것은 그릇의 크기가 아니라 그릇에 담긴 내용물의 가치라는 것입니다. 뛰어난 역량으로 부와 명예를 한꺼번에 쥐고도 한 순간에 추락하는 안타까운 사람들이 있습니다. 그릇은 남다른 크기를 갖고 있었지만 그릇에 담은 불량하고 저열한 가치의 된서리를 피하지 못하기 때문입니다. 삶이 꼬이는 근원이 여기서 비롯됩니다.

나의 그릇에 무엇을 담을 것인가? 그릇의 크기가 아니라 그릇에 담은 가치가 내 그릇의 품을 결정합니다. 산소탱크 박지성 선수가 혜성처럼 등장할 때 당시 박선수 보다 더욱 촉망받고 타고난 재능을 가진 선수들이 여럿 있었습니다. 특히 L선수는 학창시절 박지성 선수가 감히 넘볼 수 없는 최고의 유망주였습니다. 하지만, 선수로서 성장하고 발전해가는 과정에서 둘의 명암은 극명하게 갈렸고 그들이 남긴 발자취 또한 어마어마한 차이를 남겼습니다. 축구 밖에 모르는 성실한 성품으로 언제나 팀의 승리에 더 큰 가치를 두고 헌신한 박지성은 자신이 보유한 기량 대비 가장 이상적으로 꽃을 피운 선수입니다.

스포츠인사이터가 경험한 조직생활도 이와 다를 바 없습니다. 업무 역량도 나름 우수하지만 자신의 성과 보다 조직과 회사의 성과에 더 큰 가치를 두고 헌신하는 구성원들이 더욱 인정받습니다. 또한, 관계의 중심에 자신을 먼저 두지 않고 상대방을 배려하는 사람들이 보다 더 잘 풀리는 것을 보게 됩니다. 우리가 더 좋고 더 큰 가치를 지향할 때 더 큰 성장이 함께 하는 법입니다.

승리 이상의 가치를 위해 노력한 드록바의 인터뷰를 통해 더 큰 가치의 햇살을 마중 나가 봅니다.

그동안 수많은 트로피를 받았지만

전쟁을 멈추고 평화를 가져다 준 순간이야말로 가장 영광스러운 트로피다.

- 디디에 드록바

IQ — INSIGHT QUESTION

당신이 지금까지 받은 트로피(성과) 중
가장 영광스러운 트로피(성과)는 무엇입니까?
그 성과에는 당신의 어떤 가치가 내재되어 있습니까?

정의
JUSTICE

2018년 '한국프로야구선수협회'는 21세 청년 두산베어스 '이영하' 선수를 올 해의 선수상 수상자로 선정했습니다. 참고로 '올 해의 선수상'은 선수들의 투표로 뽑는 상입니다. 이영하 선수는 당해 10승을 기록하면서 좋은 투수의 기준점이라는 두 자릿수 승리를 따내는 준수한 성적을 거두었습니다. 하지만 같은 팀에 각각 15승, 18승을 거둔 외국인 투수들이 있었고 리그에는 보다 좋은 성적을 내는 최고의 투수들이 따로 있었습니다. 이영하는 나름 쏠쏠한 성적에 앞날이 기대되는 유망주는 분명했지만 누가 봐도 최고의 선수라고 하기엔 아직 무리가 있었습니다. 그럼에도 불구하고 선수들은 이견이 없는 최고의 선수들을 제쳐 두고 까마득한 후배에게 '올해의 선수상'이라는 타이틀을 주었습니다.

이영하 선수는 시즌 중 한 브로커의 전화를 받고 승부조작 제의를 받았습니다. 이영하는 단호히 거절하였고 이를 구단에 알렸으며 구단은 KBO ^{한국야구위원회}에 즉각 보고했습니다. KBO가 이선수의 연봉보다 많은 포상금을 지급하자 이영하 선수는 이 상금을 모두 불우이웃과 모교 후배들을 위해 내놓았고 전 구단 선수들은 그에게 올해의 선수상을 안기면서 후배의 용기에 화답했습니다. 이거 참 너무도 당연한 일을 했는데 너무 과한 상을 받는 것이 아닌가라는 생각이 들 수도 있지만 이리도 당연한 일을 하지 못해 다시는 그라운드에 설 수 없는 선수들이 제법 많습니다.

영화를 보다 보면 같은 편을 밀고하는 배신자가 있습니다. 승부조작은 이와 다를 바가 없습니다. 승부 조작은 오로지 자신의 금전적 이익을 위해 다른 동료의 노력과 팀의 명예를 헌신짝처럼 버리는 것이며 같은 편에게 패전의 명에를 씌우는 이적 행위입니다. 자신이 속한 팀을 수렁으로 밀어 넣는 완벽한 배신행위이자 내부 총질입니다. 약물 복용보다 훨씬 더 추상같이 엄격하고 단호하게 퇴출시키는 이유가 여기에 있습니다.

대한민국의 4대 프로스포츠는 2012년에 이런 승부조작으로 대홍역을 앓은 바 있습니다. 특히, 축구에서는 2011년 8월 승부조작 사건으로 인해 무려 47명이 영구제명 된 바 있으며 이듬해 프로배구에서도 11명이 영원히 자격을 잃었습니다. 프로야구에서도 2012년 승부조작이 드러나면서 야구계 또한 더 이상 조작과 비리의 청정지대가 아닌 것으로 드러났고 2016년에도 선수들과 브로커와의 유착이 밝혀져 충격을 주었습니다. 성적과 돈으로 대변되는 프로의 세계에서 승부 조작의 유혹은 언제나 암약하고 숙주 하는 일종의 조작충처럼 기생하고 있었던 것입니다. 특히 L선수는 고작 2천만 원에 국가대표라는 자부심과 명예와 리그 최고의 사이드암 투수로 진격하던 자신의 경쟁력을 스스로 내팽개쳐 영원히 구제불능의 수렁에 빠지고 말았습니다. L의 친구인 M선수는 정황상 직접 승부조작에 관여하지는 않았습니다. M은 자신이 승부조작에 가담하지 않았다는 억울함을 수차례 토로 했지만 법은 승부조작을 알고도 침묵한 공범의 그림자를 용인하지 않았습니다. 결국 실제 부정을 저지른 L선수는 물론 부정에 눈을 감고 입을 닫은 M선수도 선수로서 가진 모든 것을 잃었고 재기의 가능성마저 원천적으로 봉쇄당했습니다.

몇 해 전 드라마 '동네변호사 조들호'를 재미있게 보았습니다. 화려한 볼거리와 특별한 액션이 없어도 법정 드라마 특유의 긴장과 사건을 풀어가는 재미가 쏠쏠했습니다. 특히, 조들호 역을 맡은 배우 '박신양'의 정의를 실천하는 사이다 연기는 단연 압권이었습니다. 조들호가 법정에서 격앙된 목소리로 외칩니다.

우리는 불과 몇 년 전 침묵을 하면
모두 함께 가라앉는다는 사실을 함께 겪었습니다.
그럼에도 불구하고 여전히 침묵하고 있는 여러분들께
진심으로 호소하고 싶습니다.
침묵은 세상을 바꾸지 못합니다.
- 동네변호사 조들호 드라마 대사 中

수년 전 전철을 타고 가던 임산부가 두 명의 청년에게 인신공격을 당했습니다. 이에 저항하자 청년들은 차마 옮길 수 없는 막말과 욕을 퍼부었습니다. 그러나, 전철 안에 있던 그 많은 사람들 중 어느 하나 나서는 사람 없이 침묵했고 산모의 정신적 충격으로 태아는 안타깝게 유산되고 말았습니다. 훗날 그녀는 인터뷰에서 못 본 척 침묵하는 주변의 사람들이 자신에게 모욕을 안긴 청년들보다 더욱 원망스럽다고 했습니다. 어쩌면 사안의 경중이 다를 뿐 누구라도 한번쯤은 경험해 본 일그러진 우리의 자화상일지도 모르겠습니다.

이런저런 말이 횡행하는 시대입니다. 막말과 고성과 심지어 왜곡의 말들이 넘쳐나는 세상입니다. 그래서 침묵은 절제된 감정의 표현으로써 꼭 필요한 일종의 미덕이 되었습니다. 하지만, 침묵에는 두 얼굴이 있습니다. 절제의 미덕도 있지만 부정과 불의에 침묵하는 무기력한 얼굴도 있습니다. 이영하 선수가 잘 한 것은 침묵하지 않고 부정한 것을 곧바로 알린 것입니다. M선수가 잘못한 것은 부정을 알면서도 침묵한 것입니다. 본인은 하지 않았다는 안타까운 항변이 공허해 지는 것은 바로 침묵이 낳은 공범의 그림자를 떼어낼 수 없기 때문입니다.

사람들과의 관계에서 혹은 직장생활 중 예산을 함부로 쓰거나 정보를 왜곡 또는 데이터를 조작하여 거짓 보고를 하는 것은 명백한 잘못입니다. 그리고 공유해야 할 정보를 움켜쥐고 혼자만 알고 있거나, 자신에게 유리한 정보만 공유하는 것 또한 바르지 않습니다. 그렇다면 명백히 잘못된 판단을 그냥 내버려 두는 것은 어떨까? 거짓과 왜곡이 개입되었다는 것을 알면서도 말하지 않고 판단이 틀려도 내버려 두는 것 또한 궁극적으로 바르지 않습니다. "말 해봐야 바뀌는 것이 없는데 말해봐야 아무 소용이 없다", "괜히 말해서 관계만 어색해졌다", "오지랖 떨다가 나만 피곤해진다", "그냥 내 할 일만 하면 된다" 등등 방관과 무관심을 넘어 잘못되어 가는 것을 뻔히 알면서도 눈감고 입 닫기를 장려하는 무기력한 말들이 차고도 넘치는 세상입니다.

조직 내에서 옳고 그름을 규정하고 제도화 하는 것은 대개 특정 부서의 일이거나 리더의 몫입니다. 실제 개선하고 교정하는 것 또한 역할이 따로 있습니다. 그것은 나의 몫이 아닐 수 있습니다. 하지만, 바르지 않은 것에 문제의식을 가지고 교정의 필요를 제시하는 것은 내가 할 일이요 나의 몫입니다. 물론 그것을 드러내는 커뮤니케이션 방식 또한 대단히 중요하지만 우선적으로 선행되어야 할 것은 바른 것을 추구하는 기본적인 방향성입니다.

옳지 않은 것을 보고 침묵하는 것은 정의가 아닙니다. 침묵이 세상을 바꾸지 못한다는 조들호의 웅변은 부정과 불의에 맞서는 우리의 정의를 위해 언제나 유효하다고 믿습니다.

IQ ─── INSIGHT QUESTION

당신의 동료가 부정을 저지르는 것을 당신만 알고 있다면 당신은 어떻게 하시겠습니까?

번개를 맞은 번개

1896년 올림픽의 발상지인 그리스 아테네에서 1,503년 만에 근대올림픽이 부활하게 되었습니다. 그리고 1세기가 지나 1900년대가 저물어 갈 무렵 올림픽 조직위원회는 지난 한 세기 동안 하계올림픽 선수 중 가장 위대한 한 선수를 뽑는 행사를 가졌습니다. 20세기 가장 위대한 하계올림픽 선수…. 누구일까요? 올림픽 조직위원회는 8~90년대 최고의 스프린터 '칼 루이스'를 영광의 주인공으로 꼽았습니다. 그는 1984년 LA 올림픽 4관왕을 비롯하여 올림픽에서만 9개의 금메달을 획득하였습니다. 특히, 그가 이룩한 남자 멀리뛰기 올림픽 4연패는 앞으로 영원히 깨지지 않을 기록이 될 것이라 전망하고 있습니다. 올림픽 역사상 단일 종목 4연패는 칼 루이스가 유일한 선수입니다. 단거리와 멀리뛰기는 비슷한 듯 하지만 실제 에너지를 쏟는 메커니즘이 달라 100m, 200m 동시 제패는 가능해도 멀리뛰기까지 우승하는 것은 불가능에 가깝다는 게 육상계의 중론입니다. 왜 그가 올림픽 100년을 대표하는 위대한 선수인지 그가 이룬 업적이 말해주고 있습니다. 올림픽 조직위원회가 결코 허투루 선정하지는 않은 것 같습니다.

그런데 그의 은퇴 이후 보다 강력한 퍼포먼스로 또다시 세계 육상계를 발칵 뒤집어 놓은 선수가 있습니다. 그렇습니다. 번개 '우샤인 볼트' 입니다. 볼트 이전에 트랙을 지배했던 그 어떤 인간탄환도 볼트의 폭발적인 스피드와는 비교가 되지 않았습니다. 비교할 수 없는 압도적인 실력으로 2008년 북경 올림픽 100, 200, 400계주 3관왕에 오르며 다시는 나오지 않을 것 같은 칼 루이스의 아우라를 불과 24년 만에 재현하고 트랙의 황제로 등극한 선수가 바로 우샤인 볼트입니다. 볼트는 단지 경쟁자 보다 빠른 선수라고 표현하기엔 한참 부족할 정도로 차원이 다른 선수였습니다. 경악스러울 정도로 놀라운 것은 그 어렵다는 올림픽 금메달을 단일 대회에서 3개나 획득, 3관왕을 차지하고 이를 런던과 리우 올림픽에서도 똑같이 재현한 것입니다. 다시 말하면 100, 200, 400계주 올림픽 3관왕, 3연패를 이룩한 것입니다. 도대체 이게 가능한 기록입니까?

가장 원시적이고 기초적인 단거리 달리기는 그만큼 뜨고 지는 주기가 대단히 빨라 오랜 기간 왕좌에 머물기가 그 어떤 종목보다 어렵다고 합니다. 그렇기 때문에 100, 200미터 동시에 3연패를 이룬 것은 역사상 볼트가 최초이며 영원히 깨지지 않는 불멸의 기록이 될 것이라는 전망이 지배적입니다. 또한 400미터 계주마저도 3연패를 달성함으로써 볼트는 무려 9개의 금메달을 차지하면서 칼 루이스와 어깨를 나란히 하게 되었고 전설과 영웅에게서 느껴지는 경외심을 넘어 마치 인간계에서는 만나볼 수 없는 다른 세상의 선수로 분류되었습니다. 어떤 기록이 더 위대한 기록일까? 어떤 기록을 더 깨기 힘들까? 멀리뛰기 올림픽 4연패와 100, 200, 400계주 올림픽 3관왕 3연패 중에 말입니다.

하지만 볼트의 위대한 업적에 금이 가는 사건이 발생했습니다. 2017년 국제올림픽 위원회는 2008년 북경올림픽 400미터 계주에 함께 출전했던 동료 '네스타 카터'의 소변 샘플 재검사 결과 금지약물 복용이 드러남에 따라 금메달을 취소한다고 발표했고 함께 뛰었던 볼트 또한 덩달아 금메달이 박탈되었습니다. 참으로 망연자실한 안타까운 소식이었습니다. 볼트가 3관왕 3연패의 기록을 세우는 날 전 세계는 환호했고 들끓었습니다. 스포츠인사이터는 죽었다 깨어나도 다시는 올림픽 육상 3관왕을 3연패하는 기록은 나오지 않을 것이라고 전망 합니다. 이런 위대한 인류의 유산과도 같은 불멸의 기록이 볼트 자신의 문제가 아니라 동료의 부정에 의해 지워지고 말았습니다.

어느 분야나 마찬가지지만 정정당당한 경쟁과 승부가 대전제인 스포츠에서 정의는 마치 생명과도 같습니다. 스포츠 특유의 땀과 노력의 결정을 부정한 요소로 훼손하는 것은 한마디로 정의를 져버리는 것이며 이는 인간이 지금까지 수 만년 역사를 거치면서 지켜온 인류의 가치를 외면하는 것입니다. 사람마다 자신의 삶을 위해 필요한 영역이 서로 다르지만 인간은 모두 서로 연결되어 있고 상호 영향을 미치도록 설계되어 있습니다. 따라서, 승부의 세계가 공정하지 못하고 정의롭지 못하다면 단지 그 영역에서 끝나는 것이 아닙니다. 함께 살아가는 공동체의 가치가 무너지는 것이고 계속되는 부정과 비행의 반복되는 사이클 속에 온갖 고초를 당해 피폐해진 정의의 몰골은 바로 우리 자신의 자화상이 됩니다. 정의를 바로 세우는 것은 곧 함께 살아가는 우리의 온기를 지키는 것과 다름없습니다.

당신은 바르지 않은 사람을 대할 때 어떤 느낌이 드십니까? 혹은 처음엔 몰랐는데 알고 보니 그가 정의에 벗어나 있으면 어떤 마음이 드십니까? 어쩌면 이제는 고전이 된 지 오래지만 시대를 막론하고 강조해 온 지혜의 한 마디가 있습니다.

빨리 가려면 혼자 가고, 멀리 가려면 함께 가라.

삶이란 상호 관계를 맺고 상대방을 받아들이면서 서로가 성장해 가는 과정이라고 합니다. 우리 모두는 좋든 싫든 어차피 함께 더불어 살아가야 할 존재들입니다. 함께 가야 외롭지 않고, 힘도 나고, 재미도 있습니다. 그러나, 불량한 추문에 얽히고 설킨 유명인들이 세트로 소환되고 추락하는 모습을 심심치 않게 보면서 더불어 가는 길에 대해서 다시 생각해 보게 됩니다. 함께 가는 누군가가 아무리 재미있고, 힘이 되고, 즐겁더라도 바르지 않고, 정의롭지 않다면 어떻게 되는 것입니까?

내가 바르지 않으면 나와 동행하는 누군가가 힘들어 지는 것처럼 나와 함께 가는 누군가가 바르지 않으면 내 삶 또한 혼탁해질 수밖에 없습니다. 함께 가는 것도 중요하지만 누구와 함께 가는 지가 보다 더 중요한 이유입니다. 함께 가는 누군가가 정의롭지 않다면 그로 인한 부작용의 유탄에서 그 누구라도 자유롭지 못하게 됩니다. 뜻하지 않게 금메달 박탈의 번개를 맞은 번개 볼트처럼 말입니다.

**당신이 정의로운 사람이라는 것을
당신의 어떤 면을 보면 알 수 있습니까?**

끈기
PERSISTENCE

견디고 나아가라

초등 학교때 우연히 저의 생활기록부를 보게 되었습니다. 보려고 한 게 아닌데 어쩌다가 보게 되는 경우가 있는데 딱 그랬습니다.

~하나 이석이 심함.

담임선생님께서 적는 란에 저에 대한 평가는 그렇게 기록되어 있었습니다. 앞 단에 기재된 "~하나"는 아무리 기억을 되짚어도 무슨 내용인지 떠오르지 않습니다. 하지만 "이석이 심함"은 저의 오랜 기억의 창고에 지울 수 없는 화석처럼 선명하게 남아있습니다.

어느 주말 한가로운 오후 무심코 생각이 나 '이석'이 무슨 뜻인지 아버지에게 여쭙게 되었습니다. 아버지께서 되물으셨습니다. "그런 말은 어디서 들은 것이냐?" 미련한 것인지 순진한 것인지 저는 대수롭지 않게 대답했습니다. "저의 생활기록부에 적혀 있던데요……"

순간 노기가 역력한 아버지의 표정은 편안한 일요일 오후를 강타하는 허리케인처럼 집안을 순식간에 헤집어 놓았습니다. "이석은 의자에 앉지 않고 자리를 뜨는 것이다." 이윽고 말씀하신 천금의 한 마디는 "성공은 머리가 만드는 것이 아니라 묵직한 엉덩이가 만드는 것이다." 아버지는 느닷없이 애꿎은 두 형들까지 불러 꾸짖었고 엄니는 막내 티를 내느라 그렇다고 에둘러 감싸셨습니다. 하지만 유년 시절 어머니는 저에게 끈기가 부족하다고 끈기를 길러야 한다고 그게 없으면 아무것도 안된다고 마치 음식을 만드실 때 마지막 양념으로 간을 맞추듯이 언제나 막둥이를 훈육하는 마지막 컨텐츠는 끈기로 수렴되었습니다. 그렇게 "이석이 심함"과 '끈기'는 기묘한 상관관계를 가지고 오랫동안 제 의식의 아킬레스건으로 자리 잡았습니다.

그래서였을까? 고등학교 때 대학교 진학을 위한 학업을 완주하지 못했고 재수, 삼수의 험로를 가야만 했습니다. 이 또한 마지막 순간까지 밀어 붙였어야 했는데 순식간에 식어버린 고갈된 의지를 처연히 바라보다 극적인 실패를 맛보았고 피할 수 없으면 즐기라는 맥락 없는 위로 속에 군대에 가야만 했습니다. 다행히 군대는 스포츠인사이터가 끈기를 배우는 곳이었습니다. 체력이 바닥나는 극한의 경험과 팔도에서 모여든 젊은 청년 집단의 끈기와 협력이 무슨 일을 해내는지 경험하면서 끝까지 사력을 다하는 끈기의 가치에 새롭게 눈을 뜨게 되었습니다.

그래서였을까? 제대 후 잠깐 동안 팔아 보던 묻지마 방문 판매를 접어 두고 다시 대학교 진학을 목표로 수험생 모드로 들어갔습니다. 대학에 가야 한다는 목표와 당위 못지않게 나를 단련시킨 것은 더 이상 징그럽게 발목을 잡아온 끈기가 약하다는 프레임에 갇혀 살 수 없다는 의지였습니다. 꾸준하게 한 걸음 한 걸음 나아갔고 마지막 순간까지 최선을 다했습니다. 시험을 마치고 고사장을 나오는데 가슴에도 눈에도 뜨거운 눈물이 흘렀습니다. 무언가를 끝까지 열심히 해낸 자부심이 어떤 느낌인지 그때 처음 알았습니다. 마침내 뒤늦게 대학에 합격한 기쁨 또한 일찍이 느껴보지 못한 경험이었습니다. 그리고 직접 눈으로 확인하고 싶어 찾아갔던 학교 게시판 합격자 명단에서 내 이름을 보았을 때 묘하게도 기쁨 보다는 카메라가 줌으로 확대하듯이 성취의 법칙이 점점 더 뚜렷해지는 것을 느꼈습니다. 또한 앞서 대학에 진학한 그 많은 사람들이 결코 운이 좋아서 대학에 간 것이 아니라 어느 한 시절 포기하지 않고 끈기 있게 전력을 다해 입학한 사람들이라는 것을 알게 되었습니다. 겨울비는 "끈기를 길러야 된다"던 어머니의 말씀이 되어 합격자 게시판에 이슬처럼 맺히고 있었습니다.

승리의 조건은 다양하고 복합적으로 얽혀 있지만 끈기 없이 승리는 없습니다. 승리를 위한 준비와 연습의 과정은 끈기를 담보하지 않으면 견디기 어려운 시간들입니다. 모든 스포츠 중 끈기를 대변하는 대표적인 종목은 역시 마라톤 입니다. 최초의 여성 마라토너 '캐서린 스위처'는 "만약 인간 본성에 대한 믿음을 잃었다면 바깥으로 나가서 마라톤을 구경하라"고 했습니다. 42.195킬로미터를 달리다 보면 언제 끝날지 모를 것 같은 극심한 고통이 찾아옵니다. 그 순간에 할 수 있는 것은 딱 두 가지, 포기하거나 계속해서 앞으로 나아가는 것입니다. 결국 그 고통에 주저앉지 않고 한 발 한 발 내딛다 보면 마지막 지점에 다다릅니다. 고통과 숱한 포기의 유혹이 환희로 바뀌는 순간입니다. 마라톤은 그렇게 끈기가 무엇인지 가장 원시적이면서 가장 정직하게 보여줍니다. 그래서 스포츠인사이터는 마라톤을 구경하기보다 직접 해보라고 권하고 싶습니다. 마라톤 풀코스를 완주하는 경험이 얼마나 짜릿하고 보람 있고 긍정의 에너지를 주는지 마라톤은 그야말로 해 본 사람만이 알 수 있는 최고의 기쁨 중 하나이자 스스로 만끽할 수 있는 끈기의 대향연입니다.

Door to door!라는 영화가 있습니다. 한쪽 손을 쓰지 못하고 걷는 것도 부자연스러운 데다 말도 어눌한 뇌성마비 장애인 '빌 포터'가 판매왕이 되기까지의 실화를 감동적으로 엮어낸 영화입니다. '빌 포터'가 장애를 극복하고 최고의 세일즈맨으로 우뚝 서는 데는 어머니의 격려와 지혜로운 훈육이 튼튼하게 자리 잡고 있기 때문이었습니다. 빌은 고객에게 계속해서 거절당하지만 그날도 오전 내내 방문 판매를 시도 하다 길거리 벤치에서 점심을 먹기 위해 어머니가 싸 주신 샌드위치를 꺼냅니다. 그런데 샌드위치 앞면에는 'Patience 인내' 뒷면에는 'Persistence 끈기'라고 써 있었습니다. 인정을 받기 위해서는 시간이 필요하다며 평소 인내와 끈기를 강조한 어머니가 케첩으로 써넣은 사랑의 말씀이었습니다. 한바탕 웃은 빌은 맛있게 샌드위치를 먹습니다.

인내와 끈기는 다릅니다. 인내는 참고 견디는 것이고 끈기는 앞으로 나아가는 것입니다. 참고 견디기만 하고 앞으로 나아가지 않으면 희망이 없고, 앞으로 나아가다 중간에 포기하면 아무 소용이 없습니다. 빌은 말조차 어눌한 장애인은 세일즈를 할 수 없다는 세간의 편견과 숱한 거절을 참고 또 참습니다. 그리고 또 불편한 걸음으로 걷고 또 걸어 다음 방문지를 향해 꿋꿋하게 나아갑니다. 또 초인종을 누르고 대문을 두드리고 거절당하고 다시 또 두드리는 과정을 통해 인내와 끈기가 키워가는 가능성을 조금씩 키워갑니다. 이처럼 끈기는 견딤과 나아감의 조합입니다. 끈기는 참고 견디는 것을 뛰어 넘어 묵묵히 자기가 가야할 길을 향해 전진하는 것입니다.

지금까지 당신이 얻은 인생의 파이는 당신의 끈기에 비례합니다. 이제 어디로 가시렵니까? 결국 당신을 원하는 곳으로 데려다 주는 것은 당신의 끈기입니다.

IQ ── INSIGHT QUESTION

당신은 성취와 성장을 위해 필요한 1순위 성품이 무엇이라 생각합니까?
만약 1순위 성품은 있는데 끈기가 없다면 어떻게 될 것 같습니까?

모두를 무릎 꿇린 사나이

한국 프로농구사에 특급 포인트 가드 계보는 '강동희-이상민-김승현-양동근'으로 이어진다는 게 일반적인 시각입니다. 이들은 누가 더 우위에 있다고 얘기하기 어려울 정도로 동시대 선수들에 비해 확실히 뛰어난 기량과 탁월한 게임 리딩 능력을 갖춘 선수들이었습니다. 이외에도 이름만 대면 바로 떠오르는 만만치 않은 가드들이 농구 코트의 사령관으로서 경합해 왔습니다.

여기 특급 계보의 반열에 거론되지 못하고 국가대표 경력도 상대적으로 부족하지만 마치 야생의 적토마처럼 20년동안 농구코트를 누비며 자신의 우상이었던 선배들과 동시대의 경쟁자를 완벽하게 무릎 꿇린 사나이가 있습니다.

농구코트의 영원한 철인 '주희정' 선수입니다.

주희정은 대학교 2학년때 학교를 중퇴하고 연습생 신분으로 프로 무대에 뛰어 들었습니다. 어렸을 때부터 보살펴준 할머니의 약값이 필요했기 때문입니다. 이때부터 20년 동안 코트를 누볐고 프로농구 역사상 1,000게임 이상 출장한 유일무이한 선수로 남았습니다.

20년 동안 결장한 게임이 고작 15게임밖에 되지 않았고, 특히 2007년부터 2012년까지 5년 동안은 단 한 게임도 결장하지 않았습니다.

물론 주선수의 뛰어난 내구성과 자기관리가 한 몫 했지만 주희정의 가치는 부상을 당해도 고통을 참고 기꺼이 출전하여 제 몫을 하는 선수, 불가피한 수술은 비시즌으로 미루고 수술 후 다시 재활하여 또 다시 코트에 서는 끈기와 성실의 대명사라는 점에 있습니다. 그렇다고 주선수는 통산 최다 출장 기록 1,029게임 만 갖고 있는 것이 아닙니다.

포인트 가드답게 역대 최다 어시스트 5,381개와 최다스틸 1,505개를 기록하고 있는데 이 기록들은 최다 출장 기록과 더불어 한동안 절대 깨지지 않을 기록으로 평가 받고 있습니다.

그는 뛰어난 스피드와 강철 체력 그리고 이를 빛나게 하는 어마어마한 연습량으로 자신만의 독보적인 아성을 구축하였습니다. 그의 연습량은 타의 추종을 불허하는 수준을 넘어 마치 신만이 할 수 있는 일종의 경외감이 느껴질 정도입니다.

그런데 제가 기억하는 주희정 선수는 빠르고 센스 있고 투지가 넘치는 선수였지만 프로선수라고 보기 어려울 정도로 상당히 투박한 슛 폼을 가지고 있었습니다. 실제 데뷔 초 주희정 선수는 외곽 슛이 거의 없는 선수로 평가 받았습니다. 상대 팀은 그의 빈약한 슛 성공률 때문에 중요한 승부처에서는 아예 노마크 작전으로 방치할 정도였습니다. 하물며 3점 슛은 더욱 더 기대 난망이었습니다. 주희정 선수가 대단한 것은 이러한 자신의 약점을 피나는 노력과 연습으로 끈질기게 개선을 시도해 위력적인 3점 슈터로 거듭 난데 있습니다.

그는 매일 5시간 이상 수 백 개의 슛을 연습했습니다. 될 때까지 끈질기고 끈기 있게 연습하자 자신만의 3점 슛 감각을 갖추게 되었고 3점 슛이 없어도 정상급 가드였던 선수가 외곽 슛 능력마저 장착한 보기 드문 케이스로 진화했습니다.

주선수의 데뷔 무렵 10%대였던 3점슛 성공률은 40%에 육박하는 눈부신 성장을 이루었고 그 결과 통산 3점슛도 당당히 역대 2위에 랭크되어 있습니다.

한국 농구 역사상 저렇게 노력한 선수는 없었다.

단순한 노력파가 아니라 약점을 메우기 위해 정말 죽을 때까지 하는 선수다.

- 이상민 삼성 감독

슛 없는 반쪽짜리 선수라며 운동 그만두라는 말까지 들었지만 끊임없이 노력했다.

- 주희정 인터뷰 中

주희정은 분명 타고난 특급은 아니었지만 인간 한계 이상의 후천적 노력과 끈기로 결국 특급 선수 중에서도 최고봉에 오른 선수입니다. 그럼에도 여전히 주희정은 스포츠인사이터에게 대한민국 최고의 농구 선수는 아닙니다.

하지만, 가장 위대한 농구 선수가 누구인지를 묻는다면 고민하지 않고 주희정 선수를 꼽습니다.

이 세상에서 재능이 있는 데 성공하지 못하는 사람들만큼 흔한 경우가 있을까? 시작해 놓고 중간에 포기하는 것만큼 또 흔한 경우가 있을까? 무엇이 문제일까? 결국 끈기의 문제로 수렴됩니다. 펜실베니아 대학의 '엔젤라 더크워스' 교수는 '그릿 GRIT'이라는 책을 통해 평균 이하의 지능을 가지고 특출한 재능도 없고 가정환경도 열악한 사람들이 어떻게 그렇게 비범한 성공을 이루어내는지 연구했습니다. 그녀의 결론은 성공은 재능이 아니라 열정과 끈기의 조합이라고 부르는 그릿에 달려 있다는 것입니다.

때때로 시대를 이끄는 트렌드에 따라 우선 요구되는 덕목의 우선 순위가 다를 수 있습니다. 하지만 시대를 막론하고 성공의 요인도 실패의 요인도 궁극적으로는 한 가지 성품, 끈기에 달려있습니다. 진정 어마어마한 끈기의 위력을 다시 볼 때가 되었습니다. 우리는 어쩌면 첨단의 기능과 스마트한 사회가 요구하는 창의에 너무 많은 주의를 빼앗겼는지 모릅니다. 끈기의 가치는 시대에 따라 결코 바뀌지 않습니다.

경쟁의 핵심은 무엇일까?

이 또한 끈기입니다. 천재가 아닌 이상 타고난 지능은 말 그대로 도찐개찐입니다. 승부는 바로 누가 더 끈기 있는가의 경쟁에서 판가름납니다. 그런데 중요한 것은 그냥 끈기가 아니라 열정적 끈기입니다. 아직 포기하지 않았다고 말하면서 정작 하는 것은 없는 가짜 끈기, 결코 오지 않을 '언젠가'를 막연히 부르짖는 무늬만 끈기가 아니라 매 순간 열정과 성실이 담보된 뜨거운 끈기, 단순히 버티는 끈기가 아니라 묵묵히 앞으로 나아가는 행군형 끈기, 한 때 반짝하는 노력이 아니라 끝까지 원하는 것을 이룰 때까지 가열찬 실행을 멈추지 않는 오뚝이 끈기….

이것 저것 복잡하게 말 할 필요 없이 한마디로 주희정 같은 끈기….

양보
YIELD

페널티킥에 담긴 양보의 진실

축구천재 '메시'가 환상적인 드리블 기술로 페널티킥을 얻었고 키커로 나섰습니다. 그러자 관중석은 더욱 더 뜨겁게 달아오르기 시작했습니다. 메시가 페널티킥을 성공시키면 리그 300호 골이라는 대기록을 작성하기 때문입니다. 그런데 메시는 슛을 하는 것 같더니 옆에서 달려오는 '수아레스' 선수에게 패스하는 기행을 선보였습니다. 수아레스는 이 골을 넣으면서 해트트릭을 기록할 수 있었고 세상 사람들은 "페널티킥을 찰 때 패스해도 되는구나"라는 것을 그제야 알게 되었습니다. 매스컴의 한 편에서는 지고 있는 팀에 대한 예우가 아니었다는 반박도 있었지만 많은 언론이 자신의 대기록을 양보하고 동료의 기록에 손을 보탠 메시에게 찬사를 보냈습니다.

메시와 축구계를 양분한 '호날두' 또한 호날두 답지 않게 페널티킥을 양보한 적이 있습니다. 평소 골 욕심이 많기로 유명한 호날두가 자신이 득점할 절호의 기회를 양보하는 게 의외였지만 그때마다 사연이 있었습니다. 2009년 호날두는 초조할 정도로 데뷔 골을 작성하지 못한 '알론소'에게 페널티킥을 양보합니다. 호날두의 양보는 당시 라이벌 메시와 한 골 차이로 득점왕을 다투던 시기라 더더욱 인상적이었습니다. 2010년 국왕 컵에서는 '벤제마'와 나란히 두 골을 기록한 상황에서 벤제마의 해트트릭을 돕기 위해 자신의 해트트릭 기회를 포기하고 그에게 먼저 기회를 주었습니다. 또 다른 시즌에서는 극심한 부진에 빠진 벤제마를 응원하기 위해 다시 한 번 골게터의 상징과도 같은 해트트릭 욕심을 내려놓고 벤제마에게 페널티킥을 양보했습니다. 지단 감독은 팀의 에이스인 호날두의 양보에 극찬을 아끼지 않았고 팬들 또한 아낌없는 박수를 보냈습니다. 호날두가 레알 마드리드에서 뛰던 시절 왜 호날두만 페널티킥의 키커로 나서는지 팀 차원에서 그의 득점을 지나치게 지원하는 게 아닌지 상대적으로 쉬운 페널티킥 득점이 많은 호날두의 득점력을 평가 절하하는 시각이 있었습니다. 페널티킥은 상대적으로 득점 확률이 높은 절호의 기회이기 때문에 팀마다 골 결정력이 가장 탁월한 선수를 전문 키커로 선정하고 경기에 임하게 됩니다. 이 또한 전략의 일부인 셈입니다. 호날두가 팀을 떠나자 호날두를 대신할 전담 키커가 필요했고 '가레스 베일'은 자신도 페널티킥을 차고 싶다며 욕심을 드러냈습니다. 이처럼 사실 모든 선수들이 욕심을 내는 것이 페널티킥 입니다. 이런 측면에서 보면 전담 키커인 호날두가 페널티킥을 양보한 미담에는 대스타다운 호날두의 특별한 배려가 녹아 있기도 하지만 실상은 호날두가 페털티킥을 찰 때마다 나머지 동료 10명의 선수들이 오히려 자신들의 기회를 팀을 위한 차원에서 호날두에게 양보해 온 것 입니다. 실제 양보의 혜택을 가장 많이 본 선수는 바로 호날두입니다. 호날두가 '맨체스터 유나이티드'에서 뛰던 시절 '퍼거슨' 감독은 경기 중 교체를 지시했습니다. 그런데 호날두가 그라운드 밖을 빠져 나오면서 교체에 대한 불만을 적나라하게 드러내는 모습이 카메라에 포착 되었습니다. 당시 지구 반대편에서 TV 중계를 보고 있던 제가 봐도 눈살을 찌푸릴 정도로 볼썽 사나운 모습이었습니다. 선수라면 누구나 그라운드에 서고 싶은 것은 당연한 일입니다. 하지만 팀의 상황과 감독의 전략에 따라 스타팅에서 제외되어 벤치를 지킬 때도 있고 반면 문제없이 잘 뛰고 있는데 뜻밖에 교체되는 경우도 흔한 일입니다. 선수로서는 무척이나 아쉬운 순간입니다. 그런데 중요한 것은 이 또한 양보의 순간이라는 것입니다. 양보는 내가 가진 것이나 나의 기회를 다른 이에게 내주는 것만이 아닙니다. 내가 속한 팀이나 공동체의 이익을 위해 나의 의사에 반하는 것이 결정되었을 때에도 온전히 수용하는 것이 보다 확장된 의식의 양보입니다.

한국축구의 에이스이자 월드클래스로 인정받고 있는 손흥민 선수는 한때는 스타팅 멤버 보다 교체 멤버로 자주 기용되었고 현지 팬들은 이런 감독의 선수 교체에 불만이 많았습니다. 영국 언론과 홈 팬들이 이구동성으로 손흥민을 기용하지 않는 감독을 비난할 때 정작 선수 본인은 감독의 결정에는 이유가 있을 것이라고 옹호하면서 선수라면 감독의 뜻에 따르는 게 당연하다고 덧붙였습니다. 자신이 스타팅 멤버가 아니어도 기꺼이 수용하는 손흥민 선수의 더 큰 양보는 손흥민 선수의 가치를 더욱 빛나게 했습니다.

양보는 자신이 희생을 하는 것이라기보다는 누군가를 돕는 것입니다. 자신의 욕심을 내려놓고 절제를 실천하는 것이며 공동선을 위해 대의를 기꺼이 수용하는 포용의 지혜입니다.

　양보하는 당신에게 더 많은 것이 주어진다는 것을 잊지 말기 바랍니다.

IQ ── INSIGHT QUESTION

양보할 때 더 많은 것이 주어진다는 것을 믿습니까?
믿는다면(혹은 믿지 못한다면) 이유는 무엇입니까?

킹의 통 큰 양보

　제가 초등학교 다닐 시절에는 학교에 체육복을 입고 다니는 친구들이 많았습니다. 요즘처럼 풍족한 시대는 아니었지만 요즘보다 훨씬 운동장에서 지내는 시간은 많았습니다. 반 대항 축구 시합을 할 때면 자기들끼리 뽑은 선수들이 모여서 제일 먼저 하는 것이 누가 어느 포지션을 맡을지 정하는 게 아니라 등번호를 나눠 가지는 일이었습니다. 당시 차범근 선수가 달던 11번이 단연 희망 1순위 등번호였는데 11번은 축구를 제일 잘하거나 아니면 싸움을 제일 잘 해야 가질 수 있는 등번호였습니다. 그때는 등번호를 무슨 고무 재질로 된 검정색 헝겊 같은 것을 오려서 본드로 붙였습니다. 시간이 지나면 등번호는 떨어지고 드문드문 남은 본드 자국은 체육복이 수명을 다하는 날까지 영구결번이 되었습니다.

　현대 축구에서 에이스를 상징하는 등번호가 있습니다. 메시는 펠레, 마라도나, 지단 등 에이스들이 선호한 10번의 계보를 잇는 대표적인 선수이며 호날두는 7번을 달고 뛰면서 에이스를 상징하는 번호를 이원화 하였습니다. 우리의 박지성과 손흥민은 국가대표로서 활약할 때 7번을 서로 물려받았습니다. 등번호가 갖는 의미가 있다 보니 새롭게 이적한 선수의 등번호가 기존 선수와 같을 경우 묘한 신경전이 벌어지기도 합니다. 대개 두 선수 중 기량이 처지는 선수가 자연스럽게 등번호를 양보하게 되는 데 특히 터줏대감 같은 기존 선수가 양보해야 할 경우는 퍽이나 자존심 상하는 일로 여겨지고 있습니다.

미국뿐만 아니라 전 세계 농구 팬들이 벌여 온 입씨름 중 하나가 농구 황제 '마이클 조던'과 킹 '르브론 제임스' 둘 중에 누가 더 뛰어난 선수인지를 다투는 일이었습니다. 앞으로도 조던 이상 가는 선수는 나오지 않는 다는 것이 정설이었는데 르브론 제임스는 확실히 실력도 기록도 가히 천하의 조던을 가장 위협한 선수로 평가 받고 있습니다. 르브론은 공교롭게도 LA레이커스에서 조던의 번호 23번을 자신의 등번호로 달고 뛰었습니다. 그런데 2019년 뉴올리언스에서 뛰던 '앤써니 데이비스'가 레이커스로 이적해 왔는데 앤써니의 등번호 또한 23번이었습니다. 앤써니가 앞으로 팀에 얼마나 기여할 지는 알 수 없지만 그가 다른 번호를 선택할 수밖에 없다는 것은 누구나 예상할 수 있는 일이었습니다. 하지만 예상과 달리 르브론 제임스는 자신이 달던 등번호 23번을 자신의 별칭 '킹'처럼 통 크게 양보했습니다. 현역 최고이자 역대 최고를 다투는 선수가 자신의 등번호를 양보한 것은 상당히 이례적인 일로써, 농구계에 신선한 충격을 주었습니다.

양보는 대개 따뜻한 배려의 얼굴로 드러나 훈훈한 온기를 자아냅니다. 아직 살 만한 세상이라며 뉴스에서 보여주는 따뜻한 뉴스의 행간에는 양보의 미덕이 있습니다. 많은 돈을 기부하는 누구는 그 돈으로 자신의 필요를 채우는 것을 양보한 것이고, 애써 몸으로 사회봉사를 하는 누구는 자신을 위해 쓰는 시간을 양보한 것이며, 의롭고 용기 있는 행동을 한 의인은 자신의 안위를 기꺼이 타인을 위해 양보한 것입니다.

하지만 양보의 진면목은 위와 같은 따뜻함만 있는 것은 아닙니다. 힘의 합이 없다면 이 세상에 이루어질 수 있는 일이 얼마나 있을까? 각자도생의 길을 선택하는 순간 각자의 가시밭길은 상상 이상의 험난한 길이 되고 맙니다. 양보는 힘의 합을 이루는 근간이 되어 팀워크의 뼈대를 구성합니다. 이것이 양보의 진정한 파워입니다.

국내 모구단의 붙박이 중견수는 자신의 포지션 양보에 불만을 품고 시즌 개막 직전 느닷없는 트레이드를 요구하자 팀 분위기가 급속도로 와해되었고 결국 팀 전체가 그 해 시즌을 망치는 원인이 되었습니다. 흔히 야구를 투수 놀음이라고 할 만큼 투수의 역할은 절대적이고 가장 주목받는 포지션 입니다. 하지만 모두가 투수를 할 수는 없는 법입니다. 누군가는 묵묵히 그 공을 받아야만 합니다. 우리의 일 또한 핵심 업무가 있고 그 핵심 업무를 잘 할 수 있게 지원하는 단순 반복 업무도 있게 마련입니다. 조직의 중점 목표가 주어지면 새롭게 업무 분장이 이루어지고 그에 따라 구성원의 희비가 엇갈리면서 반발과 설득의 과정을 겪는 게 일반적 입니다. 이 순간 이야말로 조직의 시너지를 위한 구성원들의 양보가 절대적으로 필요한 순간입니다. 이 때 기를 쓰고 자기가 하던 업무를 계속하겠다고 고집하거나 새로운 업무 또는 늘어난 업무를 해보지도 않고 불만부터 터뜨리는 경우가 적지 않습니다. 이는 조직 생활 중 업무의 변화는 너무도 자연스러운 일인데다 다른 새로운 업무를 통해서 배우는 가치를 평가 절하 하는 어리석은 처신이며 결정적으로 협업 보다는 자신의 이기를 먼저 챙기는 일입니다. 원활한 협력 없이 좋은 성과를 내는 것은 불가능한 일입니다. 협력은 좋은 팀워크에서 나옵니다. 양보는 팀워크를 지향하는 구성원들의 선한 의지이며 더 큰 가치를 위해 기꺼이 자신의 이기를 내려놓는 확장된 의식입니다. 양보는 배신하지 않습니다. 언젠가 부메랑처럼 더 큰 파이를 물고 당신에게 돌아오게 되는 것이 세상의 이치라 믿습니다.

IQ — INSIGHT QUESTION

누군가 무심코 한 양보가 당신에게 매우 유익했던 경험은
언제 무슨 일이었습니까?

행복한 삶

행복은 산이 정상에 있는 것도 아니고
산 주위를 목적 없이 배회하는 것도 아니다.
행복이란 산의 정상을 향해 올라가는 것이다.

- 탈벤 샤하르

건강
HEALTH

괴물의 진화, 어떻게 가능했나?

어느 날 예정된 강의 준비를 마치고 평상시와 다름없이 이동하려는 순간 갑자기 허리에 예리한 칼침이 들어오는 것과 같은 찌릿함을 느꼈습니다. 그러려니 했는데 점점 아파오기 시작하더니 강의시간 내내 허리를 똑바로 펴기가 힘들 정도로 심해졌습니다. 병원을 가고 약을 먹었지만 이후 할 수 있는 건 고작 누워있는 게 전부였습니다. 더 큰 문제는 회복이었습니다. 예정된 일정을 소화하다 보니 좋아질 만하면 다시 통증과 짜증이 뒤섞인 복잡한 시간들이 반복되었습니다. 한 동안 잊고 지냈던 건강의 소중함이 성난 파도처럼 밀려왔고 건강관리에 소홀했던 패착의 그림자는 생각 외로 길고 어두웠습니다. 누가 그랬던가? 병은 말을 타고 들어와서 거북이를 타고 나간다고….

류현진 선수는 2006년 한국 프로야구 데뷔 첫해에 신인왕과 MVP를 동시에 수상하며 괴물의 등장을 알렸습니다. 이후 소속팀 한화를 대표하는 선수에서 대한민국의 에이스로 성장했고 2013년 마침내 메이저리그에 진출했습니다. 과연 미국에서도 통할 수 있을까라는 의구심이 가득했지만 코리아 몬스터는 역시 괴물다웠고 만만치 않았습니다. 데뷔 첫 해부터 2년 연속 14승을 거두며 5선발 안에 드는 준수한 투수로 빅리그에서 자리매김 했습니다. 하지만 그 누구도 2019년 시즌만큼 압도적인 성과를 내리라고는 예상하지 못했습니다. 아시아 선수로는 최초로 평균자책점 1위 타이틀을 차지했고, 처음으로 올스타전 선발 투수로 나섰으며 사이영상에서도 최초로 1위표를 받는 한 마디로 경이로운 시즌을 보냈습니다. 이유가 무엇일까? 미국 현지에서도 다양한 분석을 통해 류선수의 경쟁력과 성공비결을 경쟁하듯 쏟아냈습니다.

류현진 선수가 잘 던지는 비결은 상당히 복합적입니다. 혹자는 류선수의 제구력이 최고의 비결이라고 얘기합니다. 류선수는 메이저리그 평균 구속에 미치지 못하지만 다양한 구종을 똑 같은 폼으로 칼날 같이 제구해서 원하는 곳으로 속도와 방향에 변화를 주며 던지는 능력을 갖추고 있습니다. 이를 통해 타자가 느끼기에 만만한 공이 하나도 없을 정도로 까다로우면서도 정교한 투수로서 자리매김 할 수 있었습니다. 혹자는 그의 결정구인 커터의 위력을 꼽기도 하고 빠른 시간에 다양한 구종을 배우고 익히는 타고난 야구 지능을 꼽는 이도 있습니다. 혹자는 타고난 류선수의 낙천적인 사고방식과 강한 멘탈에 많은 점수를 주기도 합니다. 하지만, 스포츠인사이터가 보기에 류현진의 탁월한 투구 경쟁력의 원천은 따로 있었습니다.

메이저리그 데뷔 후 성공적인 두 시즌을 보낸 류선수는 2015년 왼쪽 어깨 수술을 받고 이듬해 다시 팔꿈치 수술을 받아야만 했습니다. 2년 동안 선발 출장은 단 한 차례였고 결국 부상으로 인해 2년을 통째로 날렸습니다. 류선수 본인에게 가장 혹독한 시련의 시간이었으며 그의 야구는 끝이 났다는 묵시적인 동의가 자연스럽게 형성되어 있었습니다. 다행히 2018년 복귀 후 좀 하는가 싶더니 다시 사타구니 부상 여파로 시즌의 절반을 또다시 재활에 매달려야 했습니다. 지금도 완벽한 재기 여부에 의문부호가 따라다닐 수밖에 없는 류선수의 안타까운 부상 이력입니다.

괴물도 건강한 몸이 아니고서는 달리 방도가 없었습니다. 하지만 류선수에게는 과거의 잘못된 패턴을 답습하지 않는 지혜가 있었습니다. 류현진은 지금의 일취월장을 이끄는 가장 기본이자 모든 것의 시작인 건강한 몸을 위해 신의 한수를 쓰게 됩니다. 바로 개인 전담 트레이너를 고용한 것 입니다. 괴물의 놀라운 도약은 타고난 야구 지능으로 떨어진 스피드를 제구력으로 보완하면서 이를 지속 가능하게 하는 하드웨어 구축에 완벽하리만큼 세심한 주의를 기울인 데서 비롯되었습니다. 류선수의 하드웨어를 담당하는 김용일 전담코치는 잠자는 시간을 빼고는 류현진과 온종일 함께 하면서 몸을 체크합니다. 야구도 여타 종목과 마찬가지로 연습이 최선이고 때때로 팀을 위해 무리한 등판이 미덕이지만 건강한 몸을 잃어본 류현진은 조금이라도 몸에 이상 신호가 있으면 무리해서 연습하거나 등판하지 않습니다. 건강을 위한 류현진의 노력은 지루할 정도로 철저하게 지키는 루틴에서 찾아볼 수 있습니다. 야구장을 찾는 시간, 몸을 푸는 순서, 캐치볼의 개수, 마사지와 스트레칭까지 어느 하나 오차 없이 철저하게 진행합니다.

한 마디로 이전과 다른 세심한 몸 관리 그것도 아주 철저한 건강관리가 모든 것을 가능케 하는 핵심이었습니다. 타고난 괴물이 철저한 루틴과 건강한 몸을 위한 시스템을 갖추자 그 누구도 예상하지 못한 성장 스토리를 만들어가고 있습니다.

소 잃고 외양간을 고쳐야 하나? 소를 키우려 한다면 고치는 게 답입니다. 늦었다고 생각할 때가 가장 빠르다고 하루라도 빨리 고치는 게 낫습니다. 잃어버린 소를 다시 찾기는 어려울지 몰라도 텅 빈 외양간을 다시 채울 수는 있기 때문입니다. 세상일이 늘 그렇습니다. 그런데, 건강을 잃는 것은 그 어떤 것을 잃어버리는 것에 비교할 수도 없을 만큼 간단하지 않습니다. 늦었다고 생각할 때가 빠른 때가 아니라 늦었다고 생각할 때가 아주 끝장날 때인 경우도 상당히 많습니다. 건강만큼은 그럴 수 있습니다. 한 번 잃으면 회복도 어렵고 회복해도 적잖은 후유증으로 삶의 질이 붕괴되어 '만시지탄'을 피할 길이 없습니다. 우리가 아플 때 오장육부를 포함한 모든 신체 기관과 나의 세포 하나하나가 아픈 것은 아닙니다. 다른 모든 곳이 건강해도 어느 한 군데가 아프면 아무것도 할 수 없을 때가 부지기수 입니다. 허리 한 군데가 아픈데 할 수 있는 건 침대에 누워 있는 것뿐이었습니다. 실제 안타까운 병사의 원인은 결국 어느 한군데가 부실해서 이 세상과 뜻하지 않게 작별해야 하는 경우가 대부분입니다. 어느 하나가 병들면 전부를 잃을 수도 있는 것이 바로 건강입니다. 건강을 잃으면 모든 걸

잃는 다는 것은 결코 과장이 아닙니다.

대개 달콤하고 편할수록 건강에는 독이 되는 법입니다. 그래서 건강에 좋지 않은 일상의 습관에 빠지기 쉽고 건강을 해치는 음식을 달고 사는 경우가 너무나 많습니다. 이는 보이지 않는 역기를 들고 삶에서 필연적으로 따라 붙는 유혹의 늪지대를 걸어가는 것과 다르지 않습니다. 또한 바쁘고 치열한 삶의 현장에 매몰되다 보면 가장 중요한 건강이 비 맞은 거미줄처럼 방치되고 후순위로 밀려나는 경우가 너무도 흔합니다. 아닙니다. 단언컨대 건강이 최우선이어야 합니다.

당신의 건강이 최고의 경쟁력이요, 당신의 건강관리가 진정한 경쟁력입니다.

IQ ── INSIGHT QUESTION

**신께서 당신이 원하는 신체 중 어느 한 곳을 지금보다
더 건강하게 해준다고 합니다. 당신은 어디를 선택하겠습니까?
당신에게 특별히 한 곳을 더 얘기해보라고 하면 어디를 말하고 싶습니까?**

　　저는 스포츠 광입니다. 특히 공을 가지고 하는 운동에 아주 관심이 많습니다. 회사에 다닐 때도 새벽에 일어나 프리미어리그를 보고 출근할 정도였습니다. 박지성 선수가 한창 맨유의 심장으로 알토란같은 활약을 할 때였습니다. 퍼거슨의 리더십과 용병술에 감탄했고 짜임새 있는 그들의 조직력과 쉴 새 없이 빠르게 전진하는 패스와 유기적인 움직임에 매료되어 자연스럽게 '맨체스터 유나이티드'의 광팬이 되었습니다. 특히, 박지성 선수의 선발 여부와 활약도를 체크하는 것이 또 다른 재미였는데 어느 날 확실히 우리의 박지성 선수를 위협할 정도로 날카로우면서도 유연한 중원의 라이벌이 등장했습니다. 퍼거슨 감독이 허리 라인을 보다 튼튼히 하기 위해 바이에른 뮌헨의 미래라 불리는 '오언 하그리브스'를 스카우트한 것입니다.

　　그는 여러모로 박지성과 닮은 선수입니다. 중원의 전 지역을 담당할 수 있었고 풀백까지 소화할 수 있는 멀티 능력에 활동량과 투쟁심도 남다른 선수였습니다. 아마추어인 제가 보기에도 물 흐르는 듯한 중간 플레이가 군더더기 없이 깔끔했습니다. 하지만, 08~09년 리그 초반 3경기 출장 후 무릎 부상으로 시즌 아웃 되었고 이듬해 단 한 경기 출장, 그 이듬해에는 복귀전 출장 5분 만에 햄스트링 부상으로 다시 휴업에 들어갔습니다. 맨유 4년 동안 3년을 그라운드 밖에서 보내야 했고 팀을 옮긴 이후에도 제대로 된 활약 한번 해보지 못하고 은퇴를 해야만 했습니다.

누구 말대로 정말 이러기도 힘들다지만 승부의 세계를 자세히 들여다보면 행간에 숨어있는 소위 안타까운 유리몸들이 상당히 많습니다. 탁월한 기량과 독보적인 기량에도 불구하고 몸이 아파 뛸 수가 없으니 무슨 방법이 있겠습니까? 산소탱크라는 박지성 선수도 건강하기만 하면 보다 더 오랫동안 선수 생활을 했을지도 모릅니다. 선수 시절 기관차처럼 부지런히 그라운드를 누볐지만 요즘 트렌트에 비하면 이른 나이인 33세에 은퇴해야만 했습니다. 무릎이 받쳐주지 않으니 제 아무리 튼튼한 산소탱크라 해도 달리 방도가 없었습니다.

한국프로야구 역사상 '금강불괴'라 불리는 선수가 있습니다. 금강불괴란 아주 견고해서 깨지지 않는 금강석처럼 강건한 신체를 일컫는 말입니다. 삼성 라이온즈 시절 통합 3연패의 주역이자 늘 꾸준하게 강한 타자 최형우 선수입니다. 그는 '양준혁', '이승엽' 선수처럼 한국 프로야구를 대표할만큼 강렬했던 선수들과 소속팀이 같아 상대적으로 조명을 받지 못했습니다. 그래서 그는 마치 2인자처럼 각인되어 있지만 실제 통산 타율이 역대 5위일만큼 정교한 타격을 자랑하면서도 장타율은 역대 3위, 홈런도 300홈런 이상을 기록한 초특급 선수입니다. 이런 활약으로 FA역사상 최초로 100억 원 시대를 연 사나이가 바로 최형우 선수였습니다. 구단이 최형우 선수에게 그리 큰돈을 지불한 것은 매년 3할-30홈런-100타점을 기대할 수 있는 톱클래스 선수이기 때문입니다. 하지만, 최형우의 탁월함은 지금까지 그가 거둔 성적과 데이터에 있는 것만은 아닙니다. 그가 갖춘 독보적인 탁월함은 아는 사람은 다 안다는 그의 뛰어난 내구성이며 그로 인해 그가 보여준 꾸준함입니다. 그의 별명 중 하나가 바로 다름 아닌 '최꾸준'입니다. 2008년 이후 매년 세 자릿수 이상 경기에 출전하면서 특별한 부상이나 슬럼프 없이 꾸준한 출장과 꾸준한 호성적을 기록하고 있습니다. 최형우 선수가 2019년 시즌을 앞두고 한 매체와의 인터뷰에서 "어떤 선수로 기억되고 싶은가요?"라는 질문을 받았습니다.

> 프로야구 역사상 가장 꾸준한 선수는 최형우다 라는 말을 듣고 싶어요.
>
> *- 최형우 더그아웃 매거진 인터뷰 中*

강렬하고 화려하지는 않지만 왠지 모를 안정과 믿음직스런 느낌을 주는 꾸준함은 결코 쉽게 갖춰지는 미덕이 아닙니다. 꾸준함의 가치는 마치 성난 파도를 온 몸으로 막아서는 방파제처럼 늘 그 자리에서 자신의 할 일을 다 하는 데 있습니다. 천년의 고목처럼 세월의 이끼에 자신의 푸르름을 뺏기지 않는 건강함이 꾸준함을 낳습니다. 이는 단지 강한 의지만으로 갖춰지는 아우라가 결코 아닙니다.

누구인들 꾸준하게 경기에 나가고 싶지 않을까? 건강하기만 하다면 당장 성적이 미흡해도 노력과 연습으로 만회할 여지가 있지만 건강하지 않은 몸으로는 제 아무리 최고의 선수라 해도 딱 빛 좋은 개살구 신세를 면할 길이 없습니다.

140년이 넘는 미국 메이저리그에는 불멸의 기록들이 즐비합니다. 우열을 가리기 힘들 정도로 모두 가치 있는 기록들입니다. 하지만, 그 중에서도 팬 들이 뽑은 가장 위대한 기록은 바로 '칼립켄 주니어' 선수가 갖고 있는 2,632게임 연속 출장 기록입니다. 미국인들은 오랜 시간 꾸준한 출장과 꾸준한 성적을 보여 준 '칼립켄 주니어'의 꾸준함을 그 어떤 화려하고 놀라운 기록보다 의미와 가치의 최고봉에 두었습니다. 미국인들이 가장 존경한다는 선수가 왜 '칼립켄 주니어'인지 이해할 수 있는 대목입니다.

마치 건강은 타고난 것이고 운에 따라 좌우되는 것처럼 회자되는 경우가 있습니다. 때때로 그렇기도 하지만 결코 그렇지 않습니다. 미국의 유명한 발레 무용수인 '알리그라 켄트'는 "사실 우리가 가진 것이라곤 우리가 마음대로 움직일 수 있게 해주는 몸과 근육뿐이다"라고 하였습니다. 따라서, 건강한 상태는 단순히 병이 없는 상태가 아닙니다. 진정한 건강은 내가 원하는 것을 할 수 있을 만큼 자유자재로 내 몸을 움직일 수 있는 상태임과 동시에 체력이 받쳐주는 상태입니다. 진실로 스포츠인사이터는 이 책에서 다루는 나머지 25개의 지혜를 다 합쳐도 건강 하나에 미치지 못한다고 믿습니다.

지혜에도 우선순위가 있습니다. 첫 단추를 잘 꿰어야 나머지가 원활하다는 해묵은 진리는 건강이라는 가장 중요한 첫 단추를 생각하면 더욱 빛을 발합니다. 지겨울 정도로 들어온 건강의 소중함을 잘 꿰어야겠습니다. 혹시 경험 삼아 한 번 잃어보고 싶은 속내가 아니라면 건강에 대한 안테나 바짝 세우기 바랍니다.

KEYWORD
24

미소
SMILE

호흡을 가다듬고 마지막으로 옷매무새를 살피고 마이크를 최종 점검합니다. 이윽고 담당자가 강사 소개를 하면 박수가 이어지고 인사를 합니다. 다양한 분들이 저마다의 기대를 가지고 호기심 어린 눈으로 저를 봐주고 저 또한 교육생들과 눈을 맞춥니다. 강사가 교육생들을 만나는 참으로 벅찬 순간입니다. 문득 프랑스의 작가 '발자크'의 말씀이 떠오릅니다.

사람의 얼굴은 하나의 풍경이요, 한 권의 책이다.
얼굴은 결코 거짓말을 하지 않는다.

교육생 한 분 한 분이 각자의 이력과 경험의 나이테를 가지고 이 세상에서 유일한 한 폭의 풍경화로 앉아있는 모습을 볼 때 세상에 이런 감흥이 또 있을까 싶을 정도로 진정 충만한 순간을 만나게 됩니다. 그 기쁨과 기대와 설렘이 교차하는 접점에 새로운 만남의 축복이 있다고 믿습니다. 그런데 십 수 년 동안 여러 무대를 경험해 보았지만 거의 비슷한 공통의 아쉬움이 있습니다. 앉아 있는 사람들은 분명 서로 다른 얼굴인데 표정은 거의 비슷합니다. 많은 분들이 무언가를 깨문 듯이 경직되어 있는 모습입니다. 안타깝게도 처음부터 미소를 가진 분들을 많이 만나지 못하는 것은 강의 데뷔 시절과 마찬가지로 여전히 아쉬운 대목입니다.

스포츠인사이터는 강의를 하기 전 직장 생활을 12년 했습니다. 누군가 회사를 다녔을 때 가장 후회하는 일을 딱 한 가지만 꼽으라면 제가 꼽는 후회의 1순위는 바로 웃지 않은 것입니다. 당시의 생각으로는 솔직히 웃을 일이 별로 없었습니다. 돌이켜보면 상사와 후배, 동료들을 생각해 봐도 웃는 얼굴이 좀처럼 떠오르지 않습니다. 마치 모두가 그렇게 하기로 한 것처럼 참 웃지 않았습니다. 조직생활의 희로애락이 얼마나 하찮은 것인지는 회사를 나오고서야 알게 됩니다. 별 것도 아닌 걸 가지고 왜 그렇게 민감했고 불편한 감정을 감추지 못했는지 왜 좀 더 유쾌하고 즐겁게 하지 못했는지 아쉬울 따름입니다.

지난 평창 동계올림픽 개폐회식 총감독은 난타 공연을 기획한 송승환 예술감독입니다. 송감독이 창안해 낸 기발하고 역동적인 한국산 난타 공연은 국내를 넘어 세계를 강타했고 송감독은 난타의 원산지 한국이 문화강국임을 알리는데 크게 공헌하였습니다. 그런데 누구나 그렇듯이 송감독에게도 탄탄대로가 있었던 것만은 아니었습니다. 송승환 감독은 미국 유학 시절 아버지의 사업실패로 경제적 어려움을 겪었고 할 수 없이 뒷골목에서 시계와 손톱깎이를 팔아야 했습니다. 암담한 앞날을 생각하니 힘이 나지 않았고 찌는 듯한 무더위에 짜증만 늘어 가는데 어느 날 같이 일을 하던 흑인들이 온 몸에 오일을 바르고 선탠을 즐기면서 왁자지껄 하는 모습을 보았습니다. "별 미친놈들을 다보네" 하는데 갑자기 가슴 한 켠을 시원하게 뚫고 가는 유레카가 있었습니다. 짜증나는 무더위를 가지고 놀며 "선탠을 할 수 있어서 너무 좋다"는 그들의 바이탈에서 송감독은 일을 어떻게 대해야 하는지, 즐기면서 일을 하는 것이 어떤 의미인지 알게 되었습니다. 이 날의 통찰은 송감독에게 영원히 식지 않는 즐거움의 밑천이 되었을 것입니다.

한국 테니스의 대들보이자 세계무대에 도전한 개척자 이형택은 2000년 4대 메이저 대회인 US오픈에서 국내 최초로 16강에 올랐습니다. 그 후 다시 메이저 16강에 오르는데 7년이 걸렸고 그 때 그의 나이는 은퇴를 고민해야 하는 32세였습니다. 요즘에야 세계 남자 테니스를 3등분하고 있는 페더러, 나달, 조코비치가 모두 30대이지만 당시만 해도 30세가 넘으면 곧 은퇴할 선수로 인식되었습니다. 실제 당시 이형택의 세계랭킹이 36위였는데 50위 안에 든 선수 중 이형택보다 나이가 많은 선수는 단 한 명밖에 없었습니다. 이형택 선수는 전성기가 점점 저물어 가면서 신장과 체력의 열세에, 파워와 기량은 부족하고 나이는 점점 들어가고, 아무리 용을 써도 젊은 선수들에게 판판이 깨지며 초반 탈락의 짐을 싸기 일쑤였습니다. 그러던 어느 날 새롭게 바꿔보자는 마음의 소리를 들었습니다. 그가 새롭게 바꾼 마음가짐이란 바로 '즐기자!'. 그는 경기 전날이면 말도 붙이지 못할 정도로 예민했는데 이기려 하기 전에 즐기려고 노력하면서 유쾌하고 유연하게 경기를 준비하자 은퇴가 임박한 나이에 다시 한번 메이저 16강에 오르면서 개인 최고 랭킹을 새롭게 쓸 수 있었습니다.

즐긴다는 것은 무엇을 의미할까? 국보 센터로 불리던 서장훈 선수는 한 프로그램에서 자신은 한 번도 농구가 즐거웠던 적이 없었다고 합니다. 자신에게 농구는 전쟁이었고 즐기면서 성공할 수는 없다고 단언합니다. 그가 최고가 되기 위해 매순간 얼마나 치열하게 농구에 임했는지 알 수 있는 대목입니다. 그런데 스포츠인사이터가 강조하는 즐긴다는 의미는 설렁설렁 대충대충 한다는 것이 아닙니다. 최선을 다하지 않는 것이 아니라 보다 질적으로 우수하게 최선을 다하는 것입니다. 긴장과 강박의 모드가 아니라 유연하고 탄력적인 마음으로 하는 그래서 그 순간에 인간이 할 수 있는 가장 고난이도의 몰입을 의미합니다. 하여 즐긴다는 것은 치열함을 뛰어 넘는 보다 높은 차원의 집중과 몰입입니다.

만약에 우리가 의도적으로 즐거움을 만들어 낼 수 있다면 우리의 일과 성과가 어떻게 될까? 스마일은 바로 즐거움을 의도하는 가장 간단하면서도 가장 효과적인 방법입니다. 자주 웃고 미소 짓는 것은 자신에게 주어진 삶의 무게를 덜어 냄과 동시에 자신에게 주어진 삶의 무게를 가장 전향적으로 맞이하는 유쾌한 기백과도 같습니다. 또한, 스마일은 당면한 역할이나 어려움을 외면하지 않고 오케이, 스스로의 의지를 가다듬고 분연히 자가발전의 페달을 밟아 가는 전사의 마스크이자 기쁘게 세상과 또 주변 사람과 동행하자며 보내는 천사의 윙크입니다.

당신이 가진 천사의 얼굴을 마음껏 보여 주세요. 당신의 미소는 가족과 이웃과 동료와 당신 주변의 모든 사람을 편안한 세계로 안내하는 초대장과도 같습니다. 당신의 미소는 진정 당신의 행복과 세상을 밝히는 조명이 될 것입니다.

2인자, 초특급 울트라 슈퍼파워를 갖추다

2016년 브라질 리우 올림픽에서는 116년 만에 골프가 정식 종목으로 부활하였습니다. 한국 골프의 세계화를 이끈 '박세리' 선수 이후 세계 골프계는 코리아 여걸들이 접수했다고 해도 과언이 아닐 정도로 한국 여자 골프는 세계 최강국으로 자리매김 했습니다. 당연히 골프 금메달에 대한 국민적인 기대와 열망이 한 데 모아졌습니다. 한국인 최초로 세계를 제패했던 선구자 박세리가 감독을 맡아 대표팀을 이끌었고 박세리의 수많은 후계자 중 가장 으뜸이자 세계 1위의 위용을 가진 '박인비' 선수가 기대대로 금메달을 획득하였습니다. 기쁨의 눈물을 흘리는 박세리 감독이 금메달을 확정 지은 박인비를 안는 장면은 단연 압권이었습니다. 개척자와 지배자가 한 팀이 되어 일구어 낸 새로운 역사였습니다.

'침묵의 암살자 대왕인비' 박인비 선수…. 그녀는 2008년 US오픈 최연소 우승을 시작으로 2013년에는 63년 만에 3개 메이저대회를 연속해서 우승하는 위업을 이루었습니다. 이 기록은 골프 여제 '에니카 소렌스탐'도 하지 못한 대단히 어려운 기록이었고 자연스럽게 대왕인비는 세계 골프계를 점령한 지배자 또는 새로운 골프 여제로 불리기 시작했습니다. 여제 박인비의 우승 사냥은 이후에도 거침이 없었습니다. 마침내 2015년 브리시티 여자 오픈을 우승하면서 세계 4대 메이저대회에서 모두 우승하는 이른바 커리어 그랜드슬램을 달성하는 대업을 이룹니다. 커리어 그랜드슬램은 아시아 최초이자 전 세계에서 지금까지 단 7명만이 달성한 영예로운 타이틀입니다. 더 나아가 박인비 선수는 국가의 명예를 짊어진 올림픽까지 우승을 거머쥐면서 세계에서 최초이자 유일한 '골든 커리어 그랜드슬램'의 주인공으로 우뚝 서게 되었습니다. 박인비 선수의 골프를 치는 스타일을 보면 말 그대로 대왕인비 같고 여제답습니다. 플레이 하나하나가 묵직합니다. 오래된 장인의 샷처럼 요란하지 않고 소리 없이 강해 더더욱 강력하게 느껴집니다. 승리의 세레머니 또한 심심할 정도로 간결합니다. 외신은 이런 박인비 선수를 '침묵의 암살자'라 불렀습니다.

2018년 7월 태국의 희망 '쭈타누칸' 선수가 레이디스 스코티시 오픈 대회에서 아슬아슬한 역전의 위기를 딛고 우승을 차지했습니다. 이 우승을 계기로 쭈타누칸이 우리의 대왕인비를 2위로 밀어내고 세계 1위에 올라섰습니다. 그런데, 쭈타누칸이 우승을 다툴 수 있는 정상급 선수라는 데는 이견이 없지만 그때까지 실력으로나 기록으로나 박인비 선수에는 한참 미치지 못하다는 평가가 지배적이었습니다. 과거 박세리 선수가 아무리 잘해도 '소렌스탐'선수에게는 밀렸던 것처럼 쭈타누칸에게 박인비는 늘 버거운 상대였습니다. 쭈타누칸은 2016년 ANA인스퍼레이션 대회에서 막판 3연속 보기로 다잡은 우승을 '리디아 고'에게 헌납한 바 있으며, 2013년 한 대회에서는 박인비에게 2타를 앞섰지만 마지막 홀에서 트리플 보기를 범해 우승을 넘겨주고 말았습니다. 쭈타누칸이 그동안 빈번하게 고배를 드는 패턴입니다.

그런 그녀가 침묵의 암살자를 밀어내고 1위에 오른 데는 결정적 변화가 있었습니다. 흔히 골프를 멘탈 게임이라고 합니다. 골프에는 모든 샷이 한꺼번에 이루어지지 않고 한 번의 스윙 후 마디가 있습니다. 이 마디에서 찾아오는 심경의 풍파를 잘 견뎌내는 멘탈이 당연히 중요할 수밖에 없습니다. 정상급의 선수 대부분이 멘탈 트레이닝에 비중을 두는 이유입니다. 하지만 이런 트레이닝조차 쭈타누칸의 허약한 멘탈에는 그리 효과적이지 않았던 것 같습니다. 그녀의 멘탈에는 고지에 다와서 허망하게 무너지는 트라우마가 언제 들이닥칠지 모르는 복병처럼 어딘가에 매복하고 있었습니다. 그렇다면 그녀가 흔들리는 멘탈을 바로잡은 비결은 무엇일까? 그게 바로 스마일, 미소입니다. 샷을 하기 전 입가를 말아 올리며 평정을 부르는 회심의 미소…. 정상급의 선수가 미소를 루틴으로 장착하자 결정적인 순간 허무하게 무너지던 패턴을 찍어내고 무결점의 선수로 의미 있는 행보에 나선 것입니다.

아마도 미소는 피 말리는 승부처에서 휘도는 심리적 압박을 다독이는 평정의 휘파람이라고나 할까? 정상권의 고수가 철갑을 두른 절정의 고수로 한 걸음 더 나아간 강력함이 엿보이는 대목입니다.

저는 우리나라 여성들이 갖고 있는 다양한 아름다움 중에 으뜸은 아마도 단아함이라고 생각합니다. 대한민국 여성의 고유의 아름다움은 경쾌함과 발랄함 보다는 정돈된 단아함이 우선이었습니다. 우리에겐 감정의 절제가 미덕이었고 뿌리 깊은 유교 문화는 자연스럽게 근엄한 분위기를 형성하게 되면서 환하게 웃고 미소 지으며 다가가는 개방과 편안함과는 확실히 거리가 있었습니다. 하지만 페미니즘의 영향으로 여성 자신이 삶의 주인공이라는 자각이 급속도로 확산되었고 날로 발전하는 산업만큼 양질의 서비스를 원하는 고객의 요구는 다양하게 분출되었습니다. 이로 인해 세상은 스마일의 효용과 가치에 새롭게 눈을 뜨게 되면서 스마일의 능력은 아주 중요한 경쟁력이 되었습니다. "웃는 여성이 아름답다"는 말은 어쩌면 이런 배경 때문에 나왔는지도 모릅니다.

사람이 웃을 때 움직이는 얼굴 근육은 불과 23%밖에 되지 않는다고 합니다. 이는 나머지 근육은 찡그릴 때 쓰인다는 것인데 결국 사람들은 찡그리는 표정을 짓기가 쉽게 만들어졌다는 것을 의미합니다. 이러한 이유로 스마일은 상당히 강력한 경쟁력이 될 수밖에 없습니다. 왜냐하면 노력 없이는 그 누구도 절대로 웃는 얼굴이 만들어 지지 않기 때문입니다. 혹자는 웃는 다는 것은 입 꼬리를 올리는 행위인데 이는 세상을 지배하는 중력의 법칙 즉 모든 것이 아래로 향하는 세상의 이치와는 거꾸로 가는 그 어떤 도전보다도 대단히 어려운 도전이라고 합니다. 미소는 원래 타고나는 것이 아니라 연습해야 장착되는 노력의 산물인 것입니다. 쭈타누깐은 칼끝으로 내몰리는 긴장의 승부 처를 견디기 위해 스마일 장착에 도전했고 이를 통해 자신의 골프 파워를 보다 높은 경지로 올려놓았습니다.

침묵이 금이라면 미소는 무엇일까? '침묵의 암살자' 대 '미소 짓는 파괴자'. 아무리 생각해도 쭈타누깐의 신무기가 초특급 울트라 슈퍼파워처럼 강력하게 느껴집니다.

IQ ── INSIGHT QUESTION

당신이 지금보다 더 많이 자주 웃는다면
당신에게 어떤 좋은 일이 일어나겠습니까?

긍정
OK

기적을 찌른 코리아 신예 검객

아마도 내가 태어나서 처음 접한 영어가 '오케이'가 아닐까 라는 상상을 해봅니다. 아니 내가 들은 처음의 영어 단어는 오케이였으면 좋겠습니다. 이 세상에서 경쾌하고 활기차고 긍정의 기운으로 가득 찬 최고의 영어 단어는 바로 오케이라고 생각하기 때문입니다. 그런데, 오케이는 우리가 흔히 알고 있는 '좋다' 정도로만 이해하고 넘어갈 만큼 그리 간단한 단어가 아닙니다. 다양한 어원만큼이나 여러 가지 뜻을 함축하고 있습니다.

- 동의를 나타낼 때

- 어떤 일이 잘 풀릴 때

- 무언가를 성취한 기쁨을 표현할 때

- 어떤 결과가 만족스럽지 않지만 양호하긴 하다고 생각될 때

- 강의 내용을 이해했을 때

- 몸 상태가 괜찮을 때

- '됐어'라는 뜻으로 완곡하게 거절할 때

- 기계가 고장나지 않고 잘 작동할 때

- 예상치 못한 일로 당황했을 때 ("뭐… 그래" 정도)

- 음식을 먹고 감탄할 때

  (주로 서구권에서 사용되며 완전 맛있다! 정도의 뜻으로 사용) 등등

  - 출처 : 나무위키

　　미국 서부영화의 고전 중 'OK목장의 결투'라는 영화가 있습니다. 결투라는 대립과 대치와 대결의 날카로운 프레임에 오케이를 끼워 넣어 묘한 중화를 통해 신비감마저 느끼게 한 네이밍이 가히 신의 한 수였던 영화입니다. 'OK목장의 결투'는 절묘한 영화제목 덕에 더욱 더 오랫동안 회자되었고 영화를 보지 않았어도 60년이 지난 지금까지 많은 사람들의 기억에 자리한 영화가 되었습니다.

　　2016년 리우올림픽 펜싱 에페 결승전, 15점을 내면 끝나는 승부에서 10대 14로 막판에 몰린 상황, 중계를 보고 있던 대다수의 국민이 세계 21위가 결승에 오른 것에 만족하고 패배를 예상할 때 정작 선수는 역전의 희망을 놓지 않았습니다. 순간 20세 청년 검객 '박상영' 선수가 주문을 외우 듯 혼잣말로 중얼거리는 장면이 화면에 잡혔습니다. 기적을 찌른 박상영의 역전은 그렇게 시작되었습니다. 그런데 그가 중얼거린 말은 특별한 말이 아니었습니다.

　　"나는 할 수 있다"…. 스스로 자신감을 심기 위해 전 세계가 공인하고 권장해 온 긍정의 신념 "나는 할 수 있다"…. 어쩌면 너무나 흔해 그 가치가 퇴색된 마법의 주문이 어떤 일을 해내는지 한국의 신예 검

객은 세계무대에서 드라마틱하고도 완벽히 증명해 보였습니다. 박상영 선수는 "나는 할 수 있다"를 되뇌며 연신 고개를 끄덕였습니다. 암울한 패배가 예약되어 있는 듯 했지만 결코 이를 받아들일 수 없다는 단호한 눈빛과 그러면서도 왠지 편안한 표정은 패전의 파도를 막는 방파제와 같이 듬직했습니다. 땀으로 흥건히 젖은 그의 얼굴은 마치 희망의 빛처럼 번들거렸습니다. 박선수는 한 점 한 점 차근차근 쫓아가더니 마침내 동점을 만들고 마지막 금메달 포인트를 전광석화와 같은 안면 찌르기로 대역전의 서사에 마침표를 찍었습니다. 올림픽 펜싱 역사상 무려 116년 만에 나오는 최연소 금메달이자 한국남자 최초의 에페 올림픽 금메달이 확정되는 순간이었습니다. 투구를 벗고 포효하는 스무 살 청년의 기개는 마치 순식간에 경기장을 덮쳐 버린 해일처럼 거대하고 우렁찼습니다. 박상영 선수가 어느 금메달리스트보다도 특별했던 것은 "나는 할 수 있다"라는 것을 온 몸으로 증명해 보임으로써 팍팍한 세상에 자신감을 잃은 많은 사람들에게 울컥하는 영감과 의지의 자양분을 선사했기 때문입니다.

흔히 긍정은 '어떤 상황이나 주어진 것에 만족하고 감사하는 태도'라고 합니다. 좋은 자세입니다. 하지만 진정한 긍정은 이것이 전부가 아닙니다. 진정한 긍정은 현재의 상황에 만족하는 데서 그치는 것이 아니라 현재의 상황을 있는 그대로 수용하고 자신이 원하는 바람직한 것에 집중하는 것입니다. 비가 와서 천정에 물이 샌다면 짜증내지 않고 "집이 낡아 새는구나" 하면서 양동이에 빗물을 받습니다. 그런데 문제는 비가 올 때마다 그렇게 합니다. 별다른 조치 없이 그저 비가 오지 않기를 바랄 뿐입니다. 이것은 긍정이 아닙니다. 보다 바람직한 것은 비가 새지 않도록 근본적인 수리를 하거나 아니면 더 좋은 집으로 이사 가기 위해 열심히 노력하는 것입니다. 이것에 집중하는 것이 바로 긍정입니다. 하여 긍정과 낙관은 다릅니다. 삶에 있어서 낙관적인 태도는 상당히 유효하지만 대책 없는 낙관은 때때로 독이 되기도 합니다. 어떠한 조치 없이 막연히 "좋아지겠지", "다 잘 될 거야"라는 낙관적인 말은 무기력한 자신을 더욱 더 민망한 수렁으로 끌고 가기 십상입니다.

박상영 선수는 올림픽 전 해에 무릎수술을 받고 7개월 동안 검 대신 목발을 짚고 다녀야 했습니다. 끝나지 않을 것 같은 기나 긴 재활이 계속 되었지만 박선수는 이 상황을 오케이, 있는 그대로 받아들이고 재활에 매진하면서 올림픽을 입에 달고 다녔습니다. 연습을 못하는 몸이었지만 생각만큼은 오로지 올림픽에 집중했습니다. 박선수는 올림픽을 앞두고 자신의 카톡 프로필에 '올림픽은 재미있는 놀이'라고 규정하였습니다. 긴장의 무대를 오케이에서 느껴지는 유쾌함과 활기로 새겨 두고 심중에는 고작 세계 21위지만 메달의 주인공이 되기 위한 자신만의 열망으로 가득 채웠습니다. 무명의 선수가 오랜 부상을 이겨내고 다듬어 온 예리한 칼끝에는 이처럼 현재의 상황을 있는 그대로 받아들이는 오케이 그리고 자신이 원하는 것을 향해 집중하는 긍정의 세포들이 묻어 있었고 이는 금메달의 쾌거를 이루는 회심의 위닝샷이 되었습니다. 오케이는 낙관이 아니라 긍정입니다. 긍정은 만족하고 감사하고 그리고 자신이 원하는 바람직한 것에 집중하고 열망하는 것입니다. 박상영 선수처럼 말입니다.

IQ ⎯ INSIGHT QUESTION

당신이 알고 있는 긍정적인 사람 두 명을 떠올려 봅니다.
그들의 공통적인 특징과 서로 다른 특징은 무엇입니까?

역시 대한민국에는 벅찬 상대였던가? 세계 축구의 패권을 다투는 아주리 군단 이탈리아의 클래스는 달랐습니다. 2002년 월드컵 16강전, 패색이 점점 짙어갈 때 종료 직전 설기현 선수의 극적인 동점골로 승부는 연장에 들어갔습니다. 연장전은 팽팽한 긴장과 다이나믹한 탄식과 안도의 한숨으로 대한민국 전체가 달아올랐습니다. 이내 할리우드 액션으로 경고를 받은 이탈리아 선수가 경고 누적으로 레드카드를 받으면서 이탈리아는 급격히 무너졌고 마침내 대한민국은 수적 우위를 바탕으로 결승골을 작렬함으로써 우승후보 이탈리아를 집으로 돌려보낼 수 있었습니다. 이 경기에서 불의의 퇴장으로 승부의 분수령이자 패배의 빌미를 제공한 선수가 바로 '프란체스카 토티'입니다.

그렇게 토티는 우리에게 기쁨을 안겨다 준 선수이지만 실제 그가 남긴 족적은 어느 대선수와 견주어도 손색이 없습니다. 토티는 천재 미들필더 '지네딘 지단'이 인정한 유일한 라이벌이자 2000년대 가장 완성형 '트레콰르티스타'로서 AS로마 한 팀에서만 자신의 24년 선수 시절을 보낸 로마 그 자체라는 선수입니다. AS로마의 팬들은 선수들이 경기장에 입장할 때 일어서면서 '프란체스카' 앉으면서 '토티'라고 외쳤다고 합니다. 가히 로마에서 교황과 더불어 가장 사랑받는 사람이 바로 토티였습니다. 그는 전형적인 스트라이커가 아닌 공격형 미들필드이면서도 통산 308골을 넣었고 이 중 250골을 이탈리아 리그에서 기록함으로써 리그 역사상 통산 득점 2위에 오르는 탁월한 득점력을 선보였습니다. 토티의 더욱 빛나는 가치는 지는 경기를 비기고 비기는 경기를 이기게 하는 게임의 지배자면서 탁월한 득점뿐만 아니라 그의 최고 능력이라는 패싱 능력과 드리블과 대포알 같은 슈팅까지 두루 갖춘 만능형 선수라는 것입니다. 특히 절묘하고 창의적인 패싱 능력은 단연 당대 최고로 평가받고 있습니다.

> 내가 본 최고의 선수다.
> 가히 정중하게 경의를 표한다.
> - *디에고 마라도나*

토티가 2006년 독일 월드컵을 앞두고 부상을 당하자 총리가 직접 병실을 찾아 뛸 수 있겠냐고 물을 정도였습니다. 그가 전성기 시절 레알 마드리드 회장은 자신의 친필 편지를 보내 토티의 입단을 희망하였고 매년 크리스마스 때 토티의 이름과 등번호를 새긴 레알의 유니폼을 보내 구애에 나섰습니다. 토티가 어느 정도 선수였는지 알 수 있는 일화들입니다. 또한 토티는 숱한 유혹에도 불구하고 AS로마에서 축구인생의 시작과 끝을 마감할 정도로 충성심이 가득했고 로마를 사랑한 영원한 로맨티스트로서 이탈리아뿐만 아니라 세계 축구사에 길이 남을 전설의 선수로 추앙받고 있습니다.

그런데 토티는 축구 기량만 갑이 아니었습니다. 불같은 성격의 소유자로 상대방을 거칠게 몰아붙이는 그라운드 악동의 기질은 그의 뛰어난 축구 실력만큼이나 유명했습니다. 특히 2004년 상대방 선수에게 침을 뱉은 사건은 토티의 흑역사 중 단연 으뜸이었습니다. 그럼에도 불구하고 로마뿐만 아니라 이탈리아 전체가 토티를 사랑하는 이유는 그가 갖고 있는 특유의 어눌한 인간적 매력 때문입니다. 토티는 그라운드에서는 터프했지만 운동장 밖에서는 한없이 순진하고 우직한 청년 이상의 무식한 이미지가 강했습니다. 기자가 질문을 하면 엉뚱한 대답으로 모두를 어리둥절하게 하는 데 일가견이 있었습니다. 실제 한 기자가 Carfe diem 카르페디엠: 현재 이 순간에 충실하라는 뜻의 라틴어 이라고 하자 "미안하다. 영어를 모른다"고 답하는 뜻밖의 기행을 선보이면서 무식한 토티의 이미지는 더욱 대중적으로 자리를 잡게 되었습니다. 토티는 무슨 말인지 잘 못 알아 듣고 엉뚱하게 동문서답하는 사람의 전형으로서 전 국민에게 희화화 되었고 우스꽝스럽고 굴욕적인 토티 시리즈는 그렇게 양산되었습니다. 마치 우리나라의 '최불암' 시리즈나 '사오정' 시리즈처럼 말입니다. 하지만 토티의 긍정의 힘은 이탈리아 전역에서 회자되는 자신의 시리즈보다 강력했습니다. 토티는 마치 모든 사람들의 허를 찌르기로 작정한 듯이 자신의 이야기를 모아 '토티에 관한 모든 농담'이라는 제목을 달아 책으로 엮었습니다. 이 책은 우리나라에서도 '토티는 못말려'란 책으로 번역 출간되었습니다. 놀랍게도 책은 발간 즉시 매진되었고 베스트셀러에 오르는 기염을 토했습니다. 하지만 정작 놀라운 것은 이게 아니었습니다. 토티는 책에서 나온 모든 수익을 유니세프에 기부하였습니다. 이는 토티에게 씌워진 불편한 이미지가 선한 영향력을 미치는 대인배 이미지로 바뀌는 결정적인 계기가 되었습니다. 또한 자신의 초상권을 이탈리아 대중교통 회사들이 무상으로 사용하게 하여 자신의 초상권을 활용한 교통카드 서비스를 만들 수 있도록 도와주었고 이로 인해 발생한 수익 또한 유니세프에 기증 하였습니다. 토티의 결혼식은 이탈리아 전역에 생중계 되었는데 생중계 수익금 또한 유니세프로 향하였습니다. 마침내 토티가 유니세프 홍보대사가 된 것은 당연한 일이었고 대중은 그를 무식한 축구 스타에서 선행의 아이콘이자 기부왕으로 기억하기에 이르렀습니다.

무언가를 아무리 얇게 썰어도 긍정과 부정의 양면이 존재합니다. 보다 차원 높은 긍정의 레벨은 곤혹스러운 위기의 상황에서도 반드시 존재하는 긍정의 면을 주목하는 것입니다. 그래서 위기가 닥치면 스스로에게 물으라 했습니다. "어떻게 하면 지금의 상황을 기회로 활용할 수 있을까?" 토티가 국민적인 놀림감에서 선한 영향력을 미치는 아이콘으로 재탄생 할 수 있었던 것은 당면한 상황을 있는 그대로 받아들이고 그 속에서 반짝이는 새로운 기회를 발견했기 때문입니다.

모든 출구는 어딘가의 입구이고, 모든 입구는 어딘가의 출구입니다. 우리가 '출입구'라고 부르는 것은 나갈 때는 출구인데 들어갈 때는 입구가 되기 때문입니다. 하나의 문이 정반대로 향하는 공통의 문이 됩니다. 세상의 많은 일들이 이와 같습니다. 위기는 새로운 기회로 나아가는 출구라는 것을 삶에 적용할 때 놀라운 반전과 긍정의 잠재력은 새로운 가능성의 씨앗을 뿌리기 시작하고 성장의 끝을 알 수 없는 비범한 날개가 돋아납니다. '조셉 켐벨'은 "인간으로서 가장 위대한 도전은 자기 자신을 긍정적으로 변화시키는 것"이라 했습니다. 위대한 도전은 결코 먼 곳에 있지 않습니다. 긍정이 수놓을 앞으로가 더욱 기대되는 당신, 바로 당신이 위대한 도전의 주인공입니다.

IQ — INSIGHT QUESTION

**긍정적인 사람이 되기 위해 연습하거나
습관처럼 가져야 할 태도와 행동은 무엇입니까?**

제로
ZERO

스포츠인사이터는 마지막 Z에 이르러 고민이 많았습니다. 솔직히 말씀 드리면 어떤 키워드로 어떻게 풀어야 할지 막막했습니다. 암초를 만난 듯이 시간이 지나도 좀처럼 감이 잡히지 않았습니다. 그러던 어느 주말 저녁 알콩달콩 소주잔을 기울이던 와중에 아내가 묻습니다.

"책 쓰는 건 잘 돼가?"

"그러게…. Z에서 꽉 막혀 진도가 안 나가네…."

저는 생각보다 질긴 육포를 관자놀이가 튀어 나올 정도로 씹다가 심란한 표정으로 대꾸했습니다. 아내는 발갛게 상기된 얼굴로 눈동자를 이리저리 굴리더니 막혔던 물줄기를 터주듯이 시원하게 속삭였습니다. "Zero 어때?" 순간 정수리를 빡! 치는 듯한 강력한 공감과 동의가 마치 폭포처럼 심장에 꽉 들어차는 것 같았습니다. 확실히 신랑보다 산수를 잘 하는 아내는 숫자 Zero가 가진 확장된 의미를 명확히 알고 있었습니다. 제로에는 어떤 수를 곱해도 제로입니다. 그 어떤 변수가 들이닥쳐도 흔들리지 않고 제로입니다. 제로는 어떠한 외풍도 빨아들이는 블랙홀과도 같은 숫자입니다. 제로에 어떤 수를 더하면 딱 그 숫자만큼만 늘어납니다. 역시 자신은 굳건한 모습이고 다가오는 변수만큼만 슬며시 자리를 내어줍니다.

누구나 아는 세상의 법칙 중 하나가 사람 사는 세상은 계획대로 움직이지 않는다는 것입니다. 우리가 전혀 예상하지 못한 다이나믹한 돌발변수는 매일매일 부지기수로 들이닥칩니다. 그나마 대처가 가능한 경우면 다행이지만 내 힘으로는 전혀 컨트롤할 수 없는 거대한 흐름에 쓸려가는 경우가 다반사입니다. 그런 상황에서 자신에게 주어진 역할과 책임을 다하려니 힘에 부치고 그 과정 중에 부정적 감정에 매이는 것을 피할 길은 없어 소위 얘기하는 정체불명의 스트레스를 나도 모르게 달고 살게 됩니다. 우리에게 Zero의 철학에 담긴 비움과 내려놓음이 절실한 이유입니다.

2019년 윔블던 남자단식 결승전은 4시간 57분의 혈전 끝에 '무결점의 테크니션' '노박 조코비치'가 챔피언 타이틀을 차지했습니다. 2015년 이미 그랜드슬램을 달성한 조코비치는 승리의 비결 중 하나로써 명상을 꼽았습니다. 그는 피말리는 승부에서 오는 중압감을 비우기 위해 마음의 안정과 평화에 중심을 두었고 이는 그의 첫 번 째 전성기를 이루는 근간이 되었습니다. 이후 조코비치는 약 2년 동안 부상으로 슬럼프에 빠지게 되었지만 이를 극복하는 과정에서도 명상의 시간을 갖고 마음의 최적화를 통해 자신을 다스렸습니다. 그리고 마침내 가장 권위 있는 대회의 챔피언에 재등극, 또다시 전성기를 맞이하게 되었습니다.

멀리 갈 것도 없습니다. 메이저리그에서 활약한 코리아 특급 '박찬호' 선수가 순식간에 먹튀로 전락하면서 걷잡을 수 없을 정도로 나락에 빠질 때 그를 일으켜 세운 것 또한 명상이었습니다. 조코비치의 라이벌이자 테니스의 황제라는 '페더러'는 자신의 100번째 우승을 차지한 후 인터뷰에서 제일 먼저 늘 함께 해준 가족에 대해 감사하다고 했습니다. 실제 페더러는 가족 사랑으로 유명합니다. 불혹을 앞둔 페더러가 2020년 도쿄 올림픽 출전을 결심하게 된 가장 큰 이유도 가족들이 함께 하기 때문이라고 합니다. 페더러는 코트를 지배하는 맹렬한 승부욕과 승리에 대한 열망을 가족과 함께 하는 따뜻한 시간을 통해 비워내고 재충전하는 패턴을 일상화 했습니다. 선수시절 그라운드의 구도자라 불리운 초롱이 '이영표' 해설위원이 극심한 경쟁의 무대를 헤쳐나가는 힘의 원천은 그가 믿는 종교와 기도에서 비롯되었습니다. 어느 공격수 못지 않은 화려한 드리블의 달인이었지만 안정적이고 협력 플레이를 최우선으로 하는 수비수로서 월드클래스에 오를 수 있었던 것은 하느님께 자신을 맡기는 온전한 믿음을 통해 끊임없이 자신을 비우고 채우는 자가발전이 이루어졌기 때문입니다.

　기도를 하든 명상을 하든 가족과 함께 하든 아니면 누구처럼 산에 오르든 수다를 떨든 무엇이든 좋습니다. 중요한 것은 비움과 내려놓음을 통한 마음의 정화가 우리의 행복에 지대한 영향을 미친다는 것입니다.

　우리가 스스로 불행의 돛단배를 띄우는 것은 언제나 '비교'에서 옵니다. 비교의 한자 비比는 비수 비ヒ 가 두 개로 이루어진 글자입니

다. 칼을 두 개나 품고 있는데 그 마음이 어떨까? 결국 비교의 결과는 비참해 지거나 교만해 지거나 둘 중에 하나입니다. 비우지 않고 내려 놓지 않으면 비교의 마수에서 그 누구도 자유롭지 못합니다.

인간은 대개 욕심이 많은 사람들입니다. 채워도 채워도 끝이 없는 게 욕심인 데 우리 모두는 가득 채워진 상태를 원합니다. 비움이 중요한 것은 채움을 위해서는 비움이 먼저 우선해야 하기 때문입니다. 비움은 궁극적으로 채움을 위한 것입니다. 우리는 도사가 아닙니다. 언제나 비움의 상태로 있는 도사님의 경지에 있자고 하는 게 아니란 말입니다. 그 삶이 행복하다고 믿고 수십 년 수행하는 분들이 경이롭지만 제가 생각하는 행복은 그게 아닙니다. 채움을 위해 비움이 주기적으로 함께할 때, Zero의 미학을 필요하면 언제든지 우리 삶에 접목할 때 우리는 몰아치는 폭풍우를 뚫고 비틀비틀 나아가는 외로운 항해가 아니라 따뜻한 햇살과 파도를 즐기며 콧노래를 부르는 행복한 항해를 하게 된다고 믿습니다.

내 안에 항상 장착되어 있는 Zero 버튼 그래서 언제든지 누르면 내 삶의 고요한 정거장으로 안내하는 버튼…. 무엇으로 하시겠습니까? 왜 그것을 선택하셨습니까?

IQ — INSIGHT QUESTION

당신은 지금 행복합니까?
더 큰 행복을 위해 해보고 싶은 것은 무엇입니까?

인생은 토너먼트가 아닙니다

전 세계가 축구공 하나에 무려 약 한달 반 동안 들썩들썩하는 대회가 있습니다. 명실공히 세계 최대 규모의 단일 종목 스포츠 축제라 불리는 월드컵입니다. 지역 예선을 거쳐 본선에 진출한 32개 국가가 자웅을 겨루는데 마치 은하계의 별들이 충돌하는 것처럼 다이나믹한 승부의 세계가 펼쳐집니다. 특히 16강전부터는 오로지 승자만이 살아남는 토너먼트 방식으로 인해 살벌하고 냉정한 승부가 자아내는 환희와 탄식이 매 순간 절정의 불꽃놀이처럼 수를 놓습니다. 지면 끝장인 토너먼트 방식에 어떻게든 승리해야만 하는 명제를 안고 물러 설 수 없는 배수진을 친 양 팀은 마치 생사를 건 대전투를 치러야만 합니다.

우리의 삶은 피할 수 없는 경쟁의 메커니즘에서 자유롭지 못합니다. 누구라도 성취와 좌절의 순간을 겪게 되어 있습니다. 그런데 우리 삶은 월드컵이 아닙니다. 우리 삶은 결코 토너먼트로 진행되지 않습니다. 한 번 진다고 끝장이 아닌 세상입니다. 어떤 날은 이기기도 어떤 날은 지기도 하는 세상입니다. 어떤 날은 좋기도 하고 어떤 날은 나쁘기도 한 것이 세상의 이치입니다.

스포츠에서 모든 경기의 점수는 0점에서 시작합니다. 우리 삶도 숨 가빴던 하루가 저물고 0시를 기점으로 다시 또 새로운 하루가 시작됩니다. 우리는 매일 매일 매 순간 행복할 수는 없습니다. 하지만 불편한 기억이 가득한 어제를 딛고 원점에서 다시 시작할 수 있는 새로운 오늘이 매일 매일 주어집니다. Zero는 비움도 있지만 이처럼 다시 새로운 시작을 의미하는 Reset도 있습니다. 1세트가 끝나면 다시 새로운 세트가 시작되며 카운트는 다시 Zero에서 시작됩니다. 형편없이 망가진 1세트지만 2세트에서는 심기일전 할 수 있습니다. 우리 삶은 이런 세트가 계속해서 펼쳐지는 위대한 파노라마입니다. 삶이 위대한 것은 다시 새로운 시작, Reset의 싸이클이 빚어내는 새로운 모멘텀이 있기 때문입니다.

세트 단위로 승부가 갈리는 종목에서 테니스 황제 '페더러'와 클레이 코트의 제왕 '나달'처럼 간혹 무실세트 우승의 위업을 이루어 내는 경우도 있지만 역사상 그 누구도 완벽한 승리를 거둔 선수는 없습니다. 세트에서는 득점과 실점이 반복되며 어떤 세트는 이기고 어떤 세트는 지기도 합니다. 세트에 이기고도 경기에서 패하는 경우가 허다하며 지는 세트가 있어도 승리하는 경우 또한 부지기수 입니다. 점수를 뺏고 뺏기는 가운데 세트가 갈리고 승부가 결정 나는 것이 스포츠의 세계인 것처럼 우리 삶 또한 예외가 아닙니다.

롯데 자이언츠의 외국인 골수 팬 '케리 마허' 교수는 한 행사에 참여해서 야구와 인생을 비교하며 다음과 같이 말했습니다.

야구에는 좋은 이닝도 있지만 나쁜 이닝도 있다.

하지만, 다음 이닝, 다음 경기, 다음 기회가 주어진다는 점에서

야구와 인생은 닮았다.

삶을 꿰뚫는 그의 혜안과 탁견이 깊게 패인 미간을 걷어내는 햇살처럼 환하게 다가옵니다. 나쁜 이닝, 나쁜 세트, 나빴던 쿼터, 나빴던 전반전이 있을 수 있습니다. 마찬가지로 좋은 이닝, 좋은 세트, 만족스러운 쿼터, 환상적인 후반전의 기회는 나빴던 기억의 용량 이상으로 차고도 넘칩니다. 이와 같은 상승과 하강이 어지러울 정도로 복잡하게 빚어내는 패턴이야 말로 지극히 자연스러운 우리 삶의 주행 곡선입니다. 무엇이든 언제든 다시 시작하는 Zero의 철학이 풍부한 가능성을 잉태하는 온실처럼 희망찬 내일을 예비하리라 믿습니다. 비우고 다시 시작하는 Zero의 파워가 날 선 톱니처럼 번뜩이는 지혜로 작동하기를, 하여 조화로운 강물처럼 평온하기를 바랍니다.

IQ ——— INSIGHT QUESTION

당신이 생각하는 리셋이 필요한 시점은 언제입니까?
당신의 친구들은 각자 언제라고 얘기할 것 같습니까?

2008년 저는 약 12년의 직장 생활을 접어야 했습니다. 두 달 동안 버티며 회사와 싸워 보았지만 달리 방도가 없었습니다. 내친김에 평소 꿈꾸던 강의의 세계에 뛰어 들었습니다. 당시 환골탈태를 외치며 이름까지 '박지원'으로 바꾸었고 2016년까지 새로운 이름으로 살았습니다. 그러던 어느 날 자랑스럽지도 않지만 부끄럽지도 않은 이력에 주눅 들어 상처 난 맨살 위에 갑옷을 입고 삐질 삐질 땀 흘리는 자신을 들여다보게 되었습니다. 문득 과거의 불편했던 모든 시간들도 나 자신이며 그런 시간이 오늘의 나를 만들었다는 자각이 잔잔한 호수에 돌멩이를 던지면 퍼지는 파문처럼 머리가 아닌 가슴으로 들어왔습니다.

지난 모든 시간을 받아들이는 첫 번째 작업은 본래 부모님께서 주신 이름 '박혁수'를 회복하는 것이었습니다. 그리고 강사로서 새로운 삶을 시작할 때부터 다짐했던 "언젠가 스포츠를 활용해서 세상의 지혜를 나누는 전문가가 되겠다"는 뜻을 펼쳐 보이고 싶었습니다. 저의 첫 번째 졸서인 '성장로그인'은 가면을 쓴 '박지원'으로 세상에 나왔지만 지금의 '인사이트 스포츠'는 '박혁수'로 여러분들에게 다가갑니다. 이 책이 제게 소중한 것은 온전한 저 자신의 정체성 회복과 더불어 오랫동안 꿈꿔왔던 '스포츠인사이터'의 무늬를 담고 있기 때문입니다. 일종의 '커밍아웃'인 셈입니다.

돌이켜 보면 지난 시간들은 고단했고 녹록치 않았습니다. 하지만 힘들고 어려울 때 그리고 막막하지만 뜻을 세워 앞으로 나아갈 때 언제나 그 뜻을 알아봐 주고 도와주는 감사의 손길이 있었습니다. 이는 모든 것을 축복의 시간으로 품게 되는 햇살이자 인간의 본향을 잃지 않는 버팀목이 되어 주었습니다. 이 책이 세상에 나가는 데도 마찬가지였습니다. 저의 뜻을 있는 그대로 수용해 준 '최익성' 대표님과 수고를 아끼지 않은 '플랜비디자인' 패밀리에 진심으로 감사드립니다. 이 책의 출간을 통해 저 자신 스스로 찍은 좌표대로 치열하고, 따뜻하고, 행복하게 살고자 합니다. 좋은 게 좋은 거지만 더 좋은 게 더 좋은 것이기 때문에 지금에 안주하지 않고 보다 가치 있는 삶을 살겠습니다. 하여 더 좋은 강연과 책으로 건강한 지혜와 인사이트의 나눔을 꾸준히 펼쳐가겠습니다.

1쇄를 뚫고 2쇄로 넘어갈 수 있게 이 책을 찾아주신 독자들에게 감사 드립니다. 또한 언제나 우군인 아내에게 진실로 감사를 전합니다. 이 책에서 전하는 지혜가 저의 분신인 딸 진원이와, 아들 진건이의 삶 속에서 함께 하기를 바랍니다.

2021년 스포츠人사이더 박혁수

인사이트 스포츠 A to Z

인사이트 스포츠 A to Z

- 틈새의 장인이 쓴 세계신기록 : 나무위키
- 축구계에서 가장 이상한 직업 : 스포츠조선(180905), 조선일보(181124), 위클리비즈(160710), 국가대표 트럭장사꾼(배기성)
- 천국의 문을 두드리는 야구 미생 : 조선일보(181002), 중앙일보(181227), 일간스포츠(190625)
- 메이저리그에 도전하는 또 한 명의 사나이 : 뉴스1(181222)
- 세계를 평정한 한국 여자 골프의 비밀 : BBS불교방송(190719), 조선일보(170226/110628), 리더피아(2012년 7월호), 나무위키
- 철저한 복제, 자신만의 브랜드를 만들다 : 조선일보(160413), 매거진S(110716), 나무위키
- 타이밍, 신의 한 수가 되다 : 중앙일보(080823), 나무위키
- 안 되는 걸 도전하려는 게 너무 슬펐다 : 조선일보(140104)
- 안전지대를 뛰쳐나온 위대한 용기 : 조선일보(120106), 중앙일보(130903)
- 영웅계의 피라미드 맨 꼭대기에 있는 선수 : 나무위키
- 1초 사이 경험한 천당과 지옥 : 한국스포츠경제(180822)
- 고무줄 1초에 새겨진 승리의 열쇠 : 스포츠서울(120731)
- 승리의 공식을 바꿔라 : 위키백과사전, 성장로그인(박지원 저)
- 속도 혁명을 위한 변화의 몸부림 : 일간스포츠(190121), 조선일보(170619), 블로그명 홍두령
- 철저한 준비 vs 완벽한 준비 : 스포츠경향(190103)
- CPR 당신은 할 수 있습니까? : 문화일보(080108), 유튜브
- 토네이도, 메이저리그를 강타하다 : 나무위키
- Only one 낚시 스윙 : 나무위키, 중앙일보(190205), 에포크타임즈(190207), 헤럴드경제(181125)
- 마무리의 장인, 금단의 열매를 따다 : 스포츠한국(190127), 나무위키
- 통한의 인사, 역대급 반전 : 서울시체육회 홈페이지, 연합뉴스(180823), 중앙일보(180824)
- 종주국의 품격을 보여주다 : 경향신문(160819), 연합뉴스(160819), KBS뉴스(180824)
- 품격이 최고를 완성시킵니다 : 중앙일보(180704)

- 상생의 지혜, 트레이드 : 나무위키
- 윈윈의 롤모델, 그들의 브로맨스 : 나무위키, 김형준 칼럼(090807)
- 사람을 끄는 치명적인 매력 : 나무위키, 위클리비즈(150815)
- 지구 최고의 투수가 맞습니다 : 연합뉴스(160323), EBS 그 사람의 품격
- 본고장도 반한 한국산 인간 비타민: 한국일보&스포츠조선(170919),
  이영미의 스포츠인터뷰(170929)
- 눌려있던 자부심을 깨운 한마디 : JTBC스포트라이트(181018), 네이버지식백과,
  스포츠서울(181218)
- 소년을 깨운 아빠의 질문 : 플로라 외 다수의 네이버블로그 & 카페
- 추락하는 미녀새 날개를 잃다 : 연합뉴스(090818)
- 패배할 수밖에 없던 사나이 : 뉴시스(160810), 네이버블로그 지속가능 바람
- 퍼펙트게임을 날린 두 사나이 : 민훈기 기자 블로그
- 끝끝내 해피엔딩 오렌지 빙속 황제 : 연합뉴스(100224), 조선일보(140210), 나무위키
- 연결이 있어 불가능은 없습니다 : 2018 평창 네이버 포스트, SKT 광고
- 이거 실화냐? 꿈을 앗아간 부실한 연결 : 뉴스1(180812), 중앙일보(180125),
  조선일보(110214)
- 위대함의 상징이 된 복서 : 네이버백과
- 전쟁을 멈추게 한 검은 예수 : 나무위키, 조선일보(181113)
- 침묵은 세상을 바꾸지 못합니다 : 국민일보(181203), 연합뉴스(181210)
- 번개를 맞은 번개 : 뉴스핌(170126), 한겨레21(120725)
- 모두를 무릎 꿇린 사나이 : KBL오피셜포스트(170125), 조선일보(170519)
- 페널티킥에 담긴 양보의 진실 : 스포츠한국(160215), www.yachuk.com
- 킹의 통 큰 양보 : 바스켓코리아(190628)
- 괴물의 진화, 어떻게 가능했나? : 스포티비뉴스(190525), 조선일보(190521),
  인터비즈(190712)
- 꾸준함의 비결 : 루트장의 축구세상(180927), 더그아웃매거진(190206), 나무위키
- 즐기는 자가 보내는 천사의 윙크 : 조선일보(070928)
- 2인자, 초특급 울트라 슈퍼파워를 갖추다 : 조선일보(180731, 180321)
- 기적을 찌른 코리아 신예 검객 : 동아일보(160811)
- 굴욕을 명예로 바꾼 로마의 상징 : 골닷컴(170529), JTBC비정상회담, 나무위키
- 당신의 제로버튼은 무엇입니까? : 아시아경제(151113)
- 인생은 토너먼트가 아닙니다 : 엠스플뉴스(190111)

스포츠에서 배우는 **통찰**과 지혜

인사이트 스포츠

초판 1쇄 발행 2020년 8월 21일
초판 4쇄 발행 2024년 5월 3일

지은이 박혁수
펴낸이 최익성
기획 신현아
편집 송준기
마케팅 임동건, 임주성
마케팅 지원 안보라
경영 지원 이지원, 임정혁
펴낸곳 플랜비디자인
디자인 올컨텐츠그룹

출판등록 제2016-000001호
주소 경기 화성시 동탄첨단산업1로 27 동탄IX타워 A동 3210호
전화 031-8050-0508
팩스 02-2179-8994
이메일 planbdesigncompany@gmail.com

ISBN 979-11-89580-38-4 03320